CB017413

Helena, de Eurípides, e Seu Duplo

Coleção Signos
Dirigida por Augusto de Campos

Supervisão editorial J. Guinsburg
Preparação de texto Marcio Honorio de Godoy
Revisão de provas Elen Durando e Luiz Henrique Soares
Projeto gráfico e capa: Sergio Kon
Produção: Ricardo W. Neves, Sergio Kon e Lia N. Marques

HELENA, de Eurípides, E SEU DUPLO

TRAJANO VIEIRA

CIP-Brasil. Catalogação na Publicação
Sindicato Nacional dos Editores De Livros, RJ

V719h
Vieira, Trajano
Helena, de Eurípides, e seu duplo / Trajano Vieira. - 1. ed. -
São Paulo : Perspectiva, 2018.
272 p. ; 20 cm. (Signos ; 59)

ISBN 978-85-273-1145-8

1. Teatro grego - História e crítica. I. Título. II. Série.

18-53966 CDD: 882
CDU: 82-2(38)

Vanessa Mafra Xavier Salgado - Bibliotecária - CRB-7/6644
13/11/2018 22/11/2018

EDITORA PERSPECTIVA LTDA.

Av. Brigadeiro Luís Antônio, 3025
01401-000 São Paulo SP Brasil
Telefax: (11) 3885-8388

www.editoraperspectiva.com.br

2019

In Memoriam
Jacó Guinsburg

Fortuna é de quem o bom renome envolve.
PÍNDARO

SUMÁRIO

HELENA E SEU DUPLO

Imaginemos um escritor de ficção científica, habitante da maior potência econômica e militar de seu tempo. Estamos em março de um ano ensolarado, meses depois de um outono extremamente difícil para seu país, em guerra há dezenove anos contra um inimigo cada vez mais ameaçador. Há pouco mais de um ano, o adversário ergueu um forte a apenas vinte e dois quilômetros de sua pátria. Um quarto dos homens aptos a servir o exército perdeu a vida numa batalha naval sem precedentes. Impossível não recordar com temor a pena brutal que sua própria cidade impusera à outra, três anos antes, quando determinou que todos os homens ali fossem mortos, e as mulheres e crianças fossem vendidas como escravas. É nesse ambiente que o escritor concebe seu enredo, que tem como ponto de partida o resgate da mulher de um general, não muito dotado intelectualmente, sem maior brilho no campo de batalha, mas exemplo de militar eficiente e honrado, irmão do líder do enorme contingente de países empenhados na recuperação da esposa sedutora. Não se sabe ao certo até que ponto essa mulher de beleza ímpar deixara-se levar por um jovem de igual encanto, membro da mais nobre família do país assediado. De qualquer modo, a guerra chegara ao fim depois de dez anos. Junto de sua mulher, o general navega há sete anos pelo mar revolto, ansiando aportar na cidade natal. Apesar dos contratempos no oceano cinza, convive com ela, satisfeito, imagina-se, com o reencontro tão sonhado. Provavelmente, o casal recorda episódios do passado e faz projetos para o futuro, que incluem o casamento da filha. O charme daquela mulher permanecera inalterado.

A brusca tempestade reduz a embarcação a um monte de destroços, de que se salvam ele, a mulher e uns poucos companheiros. Agarrados aos restos do navio, chegam a um país desconhecido. O general deixa a esposa aos cuidados dos companheiros numa caverna e sai à procura de ajuda. Chega a um palácio, diante do qual há um mausoléu. Depara-se com uma mulher que logo o reconhece e corre para seus braços, afirmando ser sua esposa. É idêntica à outra que ele instalara há pouco na gruta. Apesar da semelhança, o homem a rechaça, mesmo quando ela profere seu nome: Helena. Ele pergunta-se ensimesmado se é possível que um mesmo nome designe duas pessoas idênticas. É possível que dois deuses, em países diferentes, recebam o mesmo nome de Zeus? Perdido na divagação, resolve partir, abandonando aquela que, a seus olhos, parecia ser a réplica perfeita da esposa verdadeira. Teria retornado aos braços da outra, alojada na caverna, quem sabe para reatar a conversa sobre as núpcias de sua filha Hermíone, não fosse a chegada de um companheiro afoito, que lança palavras duras contra Helena: "Filha de Leda, quer dizer que aqui estavas?" E esclarece: pouco antes, a mulher pela qual haviam lutado dez anos deixara o refúgio, subira ao céu, não sem antes dizer: "Imagináveis que Páris tinha quem não teve nunca: Helena". Só então o general acolhe a verdadeira esposa, aceitando a versão que ela lhe contara: um simulacro seu fora concebido por Hera, sequestrado por Páris e mantido em Troia por dez anos. A esposa de Zeus plasmara outra Helena usando como matéria-prima parte do céu, que recortara.

Não me arriscaria a cometer a paráfrase da extraordinária peça de Eurípides, plena de ironia e sutileza, com aspectos romanescos e cômicos que têm dificultado sua classificação por parte dos especialistas. Se é possível considerá-la tragédia, devemos fazê-lo com certo cuidado. Dois argumentos principais têm sido apresentados pelos comentadores: ou os aspectos que consideramos típicos da tragédia foram definidos num período relativamente tardio por Aristóteles ou Eurípides foge ao padrão da tragédia, experimentando a fusão de gêneros. Os dois pontos de vista são defensáveis, embora me agrade mais o segundo, lembrando inclusive a longa paródia que Aristófanes apresentou desse drama de Eurípides, um ano depois de sua encenação, nas *Tesmoforiantes*, em que se refere à "nova Helena".

O adjetivo pode suscitar interpretações diferentes ("nova" em que sentido, se Estesícoro já escrevera, segundo Platão, que a verdadeira Helena jamais desembarcara em Troia; se Heródoto afirmou ter ouvido de uma sacerdotisa no Egito que Helena permanecera naquele país durante a famosa guerra?), mas destacaria outro ponto, mais especificamente o termo que, em grego, designa a outra Helena: *eidolon*, traduzido imprecisamente por "fantasma". Um rápido exame no verbete do dicionário etimológico de Chantraine esclarece sua ligação com *eidos*, uma das palavras que protagonizam o discurso filosófico do século v em Atenas: "aspecto, forma". Eurípides foi o único poeta a empregar outro vocábulo, que se associa a *eidolon*, recorrente em Platão: *mímema* (versos 74 e 875), cujo significado, no contexto do drama, é "reprodução exata", "réplica", "cópia". A outra Helena não deve ser considerada um "fantasma", como comumente é apresentada, como se fosse uma imagem inconsistente e fugaz. A outra Helena confunde-se com a verdadeira, é seu simulacro perfeito, tanto que Menelau convive com ela durante sete anos no mar, (re)conhece aspectos de sua intimidade (é de se supor), sem suspeitar de sua falsa identidade; tanto que a verdadeira – ou, talvez fosse prudente dizer, a derradeira – responsabiliza-se pelas mortes provocadas por ela mesma em Troia, ao falar da outra.

Eurípides duplica a personagem, constitui um simulacro, com o intuito de sugerir que não passa de ilusão o universo em que estamos imersos (antecipação de Borges?), que é impossível distinguir o original da cópia. Não é difícil entrever nessa construção cênica um gesto metateatral, uma reflexão sobre a própria natureza da representação no palco, que reproduz (em que medida?)

algo que transcende o espaço ocupado por personagens com suas máscaras.

O recurso de construção do teatro dentro do teatro fica claro no episódio final da fuga do Egito. A passagem surpreende, pois parece que estamos diante da outra Helena, da astuciosa e ambígua personagem que esteve em Troia, do simulacro. Até então o leitor acostumara-se com uma figura recatada, recolhida ao mausoléu de Proteu, avessa às investidas de Teoclimeno, filho do rei virtuoso. Pois bem, depois do reencontro com Menelau, Helena concebe o plano de fuga e encena uma situação diante do novo basileu para justificar o uso da embarcação: apresenta-lhe Menelau como mensageiro da morte de seu marido. Como ela, Menelau parece ser quem não é ou não parece ser quem de fato é. Como um dramaturgo que manipula o comportamento das personagens, Helena assegura que se casará com Teoclimeno, depois de realizada a cerimônia fúnebre no mar, antigo costume grego, conforme alega. Observo, de passagem, que a atitude de Teoclimeno não guarda semelhança com a que anteriormente lhe foi atribuída: estamos diante de uma personagem razoável, cordata e piedosa. O episódio revela a similitude entre as duas Helenas, diante de um marido silencioso que, como em

Troia e em Esparta (recorde-se, no livro 4 da *Odisseia*, a lerdeza de Menelau no reconhecimento do recém--chegado Telêmaco e na interpretação do voo da ave; em ambas as situações, Helena o antecede), ocupa posição secundária. Mais surpreendente ainda é o que ocorre a seguir, quando a embarcação com Helena, Menelau e seus sócios, além da tripulação enviada pelo rei, já navega pelo mar. A certa altura, é a própria Helena que ergue a voz para encorajar os companheiros de Menelau a dizimarem os marujos egípcios. Seu perfil voluntarioso destoa do comportamento recatado manifestado anteriormente. Mas o mais relevante são suas palavras impetuosas. Ora, melhor do que ninguém, Helena sabe que os gregos lutaram em vão em Troia, por um simulacro. Se a guerra, ao final, não atinge seu objetivo, se ela se revela inútil, a aura de grandeza se perde. O resgate de um simulacro lança uma luz diferente sobre os dez anos de conflito em Ílion. Esse desfecho frustrante esmaece o brilho heroico. Uma coisa é o herói lutar para que a poesia do futuro eternize sua atuação gloriosa, outra é o herói lutar por algo que, no final, se evidencia como ilusão. O que os poetas irão cantar a não ser que, apesar do empenho, heróis guerrearam por dez anos e perderam inúmeros companheiros pela conquista de uma quimera? Nesse caso, poderíamos até continuar admirando a bravura de Aquiles, mas seria difícil não avaliar a inutilidade de seu ímpeto, já que o desenlace mostraria sua face desdenhosa e implacável. É possível entrever em *Helena* a sugestão de que é necessário olhar com outros olhos o patrimônio do repertório épico, mantido durante séculos como parâmetro de conduta na Grécia.

Mas retomemos o trecho em questão, referente à cerimônia simulada no mar. Não estranhamos que Menelau anime seus sócios a matarem os egípcios, mas a fala de Helena, "Onde se encontra a glória de Ílion? / Mostrai aos bárbaros!", causa perplexidade, não só pelo tom voluntarioso, que combinaria melhor com o perfil da outra Helena, como pela evocação da glória em Ílion. Quem poderia considerar gloriosa a guerra de Troia, uma década de batalhas pela disputa do que, ao fim, revela-se um equívoco? Se algo de magnífico se manteve, deveria ser evocado pela outra Helena, pelo simulacro, não pela que permaneceu no Egito. Durante os dez anos que permaneceu na terra de Proteu, Helena não apontava nenhuma grandeza na empreitada, pelo contrário, seu sofrimento decorria do fato de estar ciente de sua farsa inútil.

Há outro aspecto nessa cena que talvez mereça registro. É possível entrever nela certo efeito paródico, decorrente da simulação de um ataque nos moldes da épica homérica. Parecem evocar passagens da *Ilíada* não só os gritos de guerra como também a movimentação tensa no interior da embarcação no momento em que se desencadeia a cilada. Menelau parece reviver suas investidas nos arredores de Ílion depois de chegar, como náufrago, ao Egito. Entretanto, há algo de ridículo nesse ato de pretensiosa ousadia. Ele parece envolto numa aura épica que não se sustenta, pois a tripulação egípcia não é inimiga e sequer esboça reação. Trata-se, na verdade, de uma carnificina, que nada lembra a tensão épica, medida pela resistência do inimigo de igual estatuto. O universo épico fundamenta-se no conflito entre iguais, não tem nada a ver com a matança ocorrida no navio que finalmente leva Helena e Menelau de volta a Esparta.

Outra passagem com elementos paródicos concerne a Menelau, quando irrompe diante da velha porteira do palácio de Proteu, vestindo trapos. Lembramo-nos do encontro de Ulisses, náufrago e nu, com a princesa Nausícaa, no país dos feácios. Há humor nesses versos da *Odisseia*, em que o herói constrangido imagina a melhor maneira de se apresentar à jovem, que cogita ser uma deusa. Mesmo nessa situação, reconhecemos a personalidade astuciosa do herói, que calcula, num fragmento de tempo, o procedimento mais adequado a adotar. Nunca é demais observar que essa passagem da *Odisseia* introduz uma sequência formidável que pode ser lida como uma espécie de rito de passagem de Nausícaa para a fase adulta. Homero cede a ela o comando da situação, e o retorno ao palácio do pai significa de certo modo a mudança de estatuto da princesa. Episódio totalmente distinto é o que envolve Menelau e a anciã, na entrada do paço. Como se sabe, a receptividade é um dos aspectos centrais do código de conduta heroico. A *Odisseia* pode ser lida como um imenso poema construído ao redor de cenas de acolhimento ao estrangeiro. Trata-se do comportamento que define a relação de *philia* ("amizade" traduz mal a palavra, que tem mais a ver com a receptividade integral do outro; não caracteriza necessariamente um elo afetivo, mas a solicitude melhor compreendida no campo da moral). E o que lemos nessa passagem de *Helena*? Primeiramente, em lugar de um guardião do palácio, desponta uma velhota, que imediatamente expulsa Menelau. Diante da resistência do herói maltrapilho, a anciã truculenta ameaça-o fisicamente. Não cabe reproduzir o diálogo, mas não deixa de ser hilariante que, depois de evocar sua condição de náufrago, tradicionalmente acolhido sem questionamento, Menelau ainda lamente a ausência do exército para fazer valer o rogo. Ou seja, lamenta a falta de seus marujos para enfrentar uma velha de maus bofes, sempre disposta a regurgitar a bile da antipatia: "Deves ter sido alguém alhures, não aqui."

Comentadores têm chamado a atenção para a comicidade de *Helena*. A questão foi retomada recentemente por Matthew Wright[1] que, com alguma aspereza, criticou o artigo em que Anne Pippin Burnett considera *Helena* uma "comédia de ideias"[2]. Para Wright, o drama de Eurípides seria marcado pelo forte viés niilista. Cabe frisar que Burnett está, na verdade, repropondo uma análise com longa tradição exegética. Lembro, por exemplo, o ensaio "Euripidean Comedy"[3], publicado originalmente em 1970, no qual Bernard Knox registra a dificuldade de identificar com precisão o gênero de obras como *Ifigênia em Tauris*, *Helena* e *Ion*. Lidas por alguns como "tragédias românticas", "melodramas

1 *Euripides' Escape-Tragedies*, Oxford: Oxford University Press, 2005.

2 Euripides' "Helen": A Comedy of Ideas, *Classical Philology*, v. 55, n. 3, July 1960, p. 151-163.

3 Incluído em *Word and Action: Essays on the Ancient Theater*, Baltimore: Johns Hopkins University Press, 1979, p. 250-274.

românticos", "tragicomédias", "comédias românticas", Knox prefere considerá-las comédias, pensando não propriamente nos textos de Aristófanes, marcados pelo efeito burlesco ou pela "bufonaria indecente", mas em "comédias domésticas de maneiras e situação, de mal-entendidos familiares (entre pai e filho, marido e mulher)". Nesse sentido, arremata o notável helenista: "Eurípides é profético, o poeta do futuro."

Atribuo a abordagem excludente, tão comum na exegese de obras clássicas, ao anseio de fazer valer o caráter científico de um argumento novo. Sem ele, pode se dissipar o imperioso parâmetro da evolução. A velocidade verbal que caracteriza parte da produção crítica atual, no campo da literatura clássica, talvez seja um reflexo da adrenalina imposta por um modelo que exige, a um só tempo, ineditismo, premência e volume de produção. Nesse contexto, interessa menos se um ponto de vista de vinte ou trinta anos permanece válido do que se ele já foi merecidamente sepultado, quando e por quem.

É possível identificar elementos cômicos em *Helena*, como no diálogo entre Menelau e a velha porteira, sem desconsiderar outros, como a inclusão de tópicos filosóficos e da paródia (cena da carnificina dos nautas egípcios), típicos de um autor moderno, aberto à confluência de gêneros e de registros. É nesse sentido que entendo a famosa assertiva de Aristóteles (*Poética*, 1453[a]): "Eurípides revela-se o mais trágico dos poetas." A irrupção do comportamento imprevisto, motivado por paixões não mais heroicas, a recorrência de cenas monstruosas e por vezes grotescas, o patético expressado em registro corriqueiro e o uso deliberado de filosofemas conferem a seus dramas o efeito da dissonância. Suas construções oscilam entre o melodrama e o dilaceramento demasiadamente humano. O risco que Eurípides assume na construção de cenas desarmônicas é o que faz dele o mais trágico dos poetas e o mais moderno dos trágicos.

Ao conceber o simulacro de Helena, o poeta aborda em várias passagens a questão cognitiva referente à cisão entre palavra e coisa. Talvez o ponto alto desse drama seja a naturalidade de como o autor coloca esse tópico complexo na boca de diferentes personagens (42-43, 66-67, 160-161, 577, 601). Parece bastante adequado ao contexto, por exemplo, que, ao se deparar com a verdadeira Helena, o servo de Menelau profira: "Milagre! Essa palavra não exprime o fato." Se algo é idêntico a algo, como nomear sua especificidade? Eis uma questão que a configuração do simulacro nos coloca. Helena é um nome que se refere a dois seres: Helena (1) e Helena (2). Ambas possuem a mesma forma, e não há dúvida de que o tema da aparência enganosa é recorrente na obra: a nomeação com um mesmo termo do que parece idêntico, embora essencialmente diferente. Esse descompasso entre palavra e referente, o fato de um mesmo significante (Helena) possuir duplo significado (Helena de Troia, Helena do Egito), é responsável pela ocorrência trágica.

Mas, como tenho procurado sugerir, há uma questão que considero mais relevante e talvez mais trágica. Ela se dá quando se apaga a diferença entre os seres, e um mesmo termo passa a designar dois entes essencialmente idênticos, mas aparentemente diferentes. Sabemos que a Helena de Troia não é a do Egito. Entretanto, duas passagens, pelo menos, nos dão a impressão de ambas serem a mesma, de não ser possível, em suma, diferenciar a verdadeira Helena de seu simulacro. Em primeiro lugar, recordemos que Menelau convive com Helena num navio durante sete anos, sem desconfiar de sua identidade. Não fosse o esclarecimento de um de seus homens, o herói teria partido com a falsa Helena para Esparta, provavelmente convivendo com ela até sua morte. Por outro lado, quando a Helena do Egito (a verdadeira) define o plano de fuga e estabelece o falso papel a ser desempenhado por Menelau diante do novo rei, quando instiga os nautas espartanos a matarem a tripulação, evocando a necessidade de preservar a glória dos aqueus, parece encarnar a Helena de Troia (a falsa). Essa troca de papéis entre a verdadeira e o simulacro, bem como a impossibilidade de identificar a diferença entre elas, nos coloca diante de um problema de linguagem de outra ordem. Não se trata mais de um mesmo significante nomear seres aparentemente iguais, embora essencialmente diferentes, mas a impossibilidade de diferenciar original e cópia, verdade e reprodução. A crise dos sentidos que decorre dessa situação tem relação com a impossibilidade de identificar o que efetivamente pertence a uma e a outra. É verdade que, no desfecho da peça, Menelau parte com a Helena que desposara no passado, mas, em diferentes momentos do drama, o problema se configura: a cópia é tão idêntica ao original que é impossível verbalizar a diferença. Eis uma aporia que parece transcender o momento em que a peça foi encenada, contribuindo para sua perenidade.

Apenas para indicar a maneira sutil como Eurípides introduz a questão da denominação, remeto o leitor à fala inicial de Helena. Em poucos versos, a dualidade recorrente na peça entre corpo (*soma*) e nome (*ónoma*), aparência e realidade é admiravelmente entrelaçada a elementos mitológicos tradicionais. Esse tipo de abordagem acentua-se na fase final da produção de Eurípides, atingindo seu ápice nas *Bacantes*. Note-se como a duplicação do nome é introduzida em *Helena*: na *Odisseia* (4, 366), Eidotea é filha do mutante ancião do mar, o egípcio Proteu, discípulo de Posêidon. É ela quem salva Menelau das artimanhas do pai: "Em tudo tentará se transmudar: nos seres / serpeantes, água, fogo divinoflâmeo" (*Od.* 4, 418-419). A mesma Eidotea é mencionada no início de *Helena*, como Eidó (v. 10): Forma, Esplendor (Vislumbrante, em minha tradução). Helena registra que, na puberdade, Eidotea passou a se chamar Teônoe, Mente-Divina (Lucidiva, conforme verti), graças a seus dotes de sacerdotisa. Com a renomeação, Eurípides indica que se afastará de Homero ao abordar a personagem. Certa estrutura mitológica convencional sofre alteração e é acompanhada pela mudança de nome da personagem (na peça, Proteu não se caracteriza pela astúcia, traço da personagem correlata na *Odisseia*, mas simboliza o governante parcimonioso). Ao novo papel corresponde, portanto, um nome inédito, numa metamorfose da Forma (Eidotea).

A questão do nome, que terá vários desdobramentos na tragédia, conforme assinalei anteriormente, é objeto dos versos que seguem. A personagem faz uso da litotes ao rememorar Esparta: *ouk anónymos* (v. 16: "não anônima", "nada anônima" em minha tradução, em vez de "gloriosa"). Logo depois, ao recordar sua geração, não sem colocar em dúvida a veracidade do mito tradicional (v. 21: *ei safés houtos logos*, "se o raconto é crível"), Helena, numa sequência de notável concisão, alude ao pai que adotou diferente forma, sem mudar o nome: Zeus. Segundo o raconto, ao fugir de uma águia – curiosa versão do mito, pois normalmente a águia simboliza o Cronida (ver, por exemplo, Píndaro, *Pítica* 1, 6-7) –, Zeus assume a forma de cisne e é acolhido por Leda, mãe de Helena. Um mesmo nome (Zeus) refere-se a um corpo diverso do deus (cisne), aspecto que, de certo modo, Helena herda do pai (v. 16-21):

> Minha Pátria é a nada anônima Esparta, onde Tíndaro
> gerou-me, embora exista a lenda de que Zeus
> voou na direção de Leda, minha mãe,
> ao fugir de uma águia, encarnando um cisne
> Da fraude veio o liame, se o raconto é crível.

Retomo a hipótese inicial de um escritor de ficção científica ser o autor de um enredo como o referido, salvo por uma diferença: em vez de a falsa Helena subir ao céu, em vez de retornar à sua matéria originária, imaginemos que, no lugar do marujo que anuncia seu desaparecimento a Menelau, ela surgisse diante do herói, preocupada com sua demora. Suponhamos, nesse caso, que ela continuasse a desempenhar seu papel de Helena. Estaríamos diante de duas Helenas reivindicando o papel de esposa do herói. A de Troia afirmaria o absurdo da invenção da outra: como aceitar que os gregos tivessem lutado por dez anos para resgatar uma réplica? Insistiria na falta de sentido dessa versão. E os sete anos no mar, durante os quais recordaram o passado? Afinal, sobre o que conversavam depois de uma década de separação? A Helena do Egito, por sua vez, insistiria em que sua condução ao reino de Proteu por Hermes teria tido o objetivo de preservar sua integridade. Integridade?, provocaria a outra. E desde quando estar sob o domínio de Afrodite significa desvio ético? Até Príamo, rei dos troianos, afirmara isso, ao eximi-la de responsabilidade pela guerra que aniquilava sua cidade. Quem não cederia aos ditames da deusa do amor? Menelau titubearia diante de dois seres idênticos, de mesmo nome.

Qual a verdadeira? Impossível chegar a uma conclusão diante da identidade de ambas. A indistinção costuma instaurar o estado de entropia. O tempo se esgota e ele resolve optar. Afinal, não erraria pela escolha que fizesse. Indago ao leitor: qual das duas o herói levaria consigo? Consideremos esse enredo e apenas o que conhecemos da Helena, que frequenta o livro 4 da *Odisseia*, ambígua, enigmática, astuciosa, conhecedora inclusive de fármacos que alteraram o estado de espírito de Telêmaco e Menelau. Bem, com base no que lemos nesse canto, Menelau escolheria a primeira, a responsável pela guerra de Troia, e não a segunda, inflexível guardiã das responsabilidades matrimoniais.

Mas estamos no universo da tragédia grega, onde os deuses costumam rejeitar rudemente a mudança do destino que planejaram. Não passaria pela cabeça de Eurípides a hipótese de um encontro entre as duas. Contudo, esse fato não altera as questões sobre linguagem que o autor, ex-aluno de Anaxágoras, incorpora dos círculos intelectuais que frequentou.

Helena,
de Eurípides

PERSONAGENS DO DRAMA

HELENA, filha de Zeus e Leda, esposa de Menelau
TEUCRO, guerreiro grego, irmão de Ájax
CORO, mulheres gregas cativas no Egito
MENELAU, marido de Helena
PORTEIRA ANCIÃ, serva de Teoclimeno
SERVO de Teoclimeno
TEÔNOE, irmã de Teoclimeno
TEOCLIMENO, filho do rei do Egito
MENSAGEIRO, servo de Teoclimeno
CÁSTOR, irmão de Helena
PÓLUX, irmão gêmeo, não falante na peça, de Cástor

A cena apresenta o palácio de Teoclimeno, filho de Proteu, no Egito. Helena aparece sentada, como suplicante, sobre o túmulo do patriarca.

HELENA:

As correntes ninfeias – ei-las! – do rio Nilo
que irriga o campo egípcio em lugar da chuva
de Zeus, tão logo se derrete a neve nívea.
Proteu reinou aqui enquanto esteve vivo,
5 de Faros, ilha em que morava no Egito.
Com Psamateia se casou, uma das virgens
do mar, depois que ela deixou o leito de Éaco.
Gerou dois filhos neste paço: Teoclimeno,
servo do nume, como diz seu próprio nome,
10 e Forma Vislumbrante, mimo maternal
quando pequena, que depois da puberdade
passou a ser chamada Teônoe, Lucidiva,
por conhecer o que é divino no presente
e no porvir, prerrogativa que ela herdou
15 de Nereu, seu antepassado. Minha pátria
é a nada anônima Esparta, onde Tíndaro
gerou-me, embora exista a lenda de que Zeus
voou na direção de Leda, minha mãe,
ao fugir de uma águia, encarnando um cisne.

20 Da fraude veio o liame, se o raconto é crível.
Me chamo Helena e passo a referir o que
sofri. Três deusas recorreram a Alexandre
no vale Ida, Hera, Atena e Afrodite,
querendo que ele decidisse qual das três
25 tinha silhueta mais perfeita que as demais.
Cípris ofereceu minha beleza a Páris
em casamento, se a amargura é bela. Vence.
Ele abandona a rês nos píncaros do Ida
e parte rumo a Esparta a fim de se casar
30 comigo. Ressentida por não derrotar
as outras deusas, Hera insufla o vento vão
que Páris Alexandre abraça, entregando-lhe
em meu lugar um ícone de ar a mim
idêntico, forjado de um fragmento do éter.
35 E pareceu a Páris que me possuía,
quando em verdade tinha um simulacro oco.
E o plano do Cronida acresce outros males:
alastra a guerra pelo solo grego e entre
os frígios infelizes para aliviar
40 a terra mãe da superlotação humana
e para que se conhecesse o ás da Hélade.
O prêmio do conflito entre Grécia e Frígia
não haveria de ser eu, tão só meu nome.

À dobradura etérea, Hermes me ocultou
45 na nuvem – Zeus de mim não descuidara – e até
a moradia de Proteu me conduziu,
um ser dotado da mais alta sensatez,
para manter sem nódoa o leito conjugal.
Me encontro aqui enquanto o pobre Menelau
50 reúne o exército, ataca as torres de Ílion
a fim de me levar de volta ao nosso lar.
À margem do Escamandro, muitas almas perdem
por mim a vida. E eu, sujeita à dor sem fim,
sou denegrida, sob acusação de ter
55 abandonado o esposo, algoz do grego em guerra.
Por que perseverar na vida? Soube de Hermes
divino que hei de retornar à bela Esparta,
a Menelau, quando souber que não viajei
a Ílion, nem subi ao leito de outro homem.
60 Enquanto vislumbrou o sol Proteu, jamais
sofri pressão por núpcias. Sob a escuridão
da terra encoberto, o filho me assedia
querendo-me esposa. Ajoelho-me na tumba
de Proteu, súplice e fiel a meu consorte:
65 preserva a Menelau o leito conjugal!
Se dissemino pela Grécia o nome infame,
meu corpo não pague tributo à vergonha!

Teucro entra em cena, portando o arco e a aljava.

TEUCRO:
Quem é o chefe do solar fortificado?
Morada que faria jus ao próprio Pluto;
70 digno de rei o entorno, o arrimo da cumeeira.
Ah!
Ó deuses, que visão vislumbro? A imagem tétrica
da fêmea detestável, que causou inúmeras
mortes de aqueus! Escarrem contra ti os deuses
75 por seres réplica exata de Helena!
Não fosse o fato de pisar solo estrangeiro,
pela similitude, à flecha morrerias.

HELENA:
Quem quer que sejas, infeliz, por que transferes
contra mim as desgraças que a outra fomentou?

TEUCRO:
80 Retrato-me. Cedi ao ímpeto da ira,
mas é que a Grécia odeia a filha do Cronida.
Retiro o que acabei de proferir, senhora.

HELENA:
Mas de onde vens? Revela tua identidade!

TEUCRO:
Não passo de um aqueu que se amargura, dama.

HELENA:
85 Por isso não surpreende o ódio contra Helena.
Quem és exatamente? De onde vens? Teu pai?

TEUCRO:
Me chamo Teucro. O nome de quem me gerou
é Telamôn, e Salamina é a minha pátria.

HELENA:
Por que razão vieste à várzea do rio Nilo?

TEUCRO:
90 Do meu país expulso, hoje sou um prófugo.

HELENA:
Quanta infelicidade! E quem te pôs no exílio?

TEUCRO:
Meu pai. Quem poderia ser de mim mais próximo?

HELENA:
Por quê? Ação assim é pródiga de dor.

TEUCRO:
Morri com Ájax, quando ele jazeu em Ílion.

HELENA:
95 Acaso tua espada o matou? Não creio.

TEUCRO:
Ele jogou-se contra sua própria espada.

HELENA:
Mas quem faria isso a não ser um louco?

TEUCRO:
Ouviste já falar de Aquiles, o Pelida?

HELENA:
Sim. Soube que ele outrora pretendeu Helena.

TEUCRO:
100 Quando morreu, os sócios lutam por suas armas.

HELENA:
E o que isso tem a ver com o revés de Ájax?

TEUCRO:
Quando o outro recebeu as armas, se matou.

HELENA:
Tem relação com sua morte o que ora sofres?

TEUCRO:
Exatamente; por não ter morrido junto.

HELENA:
105 Estás dizendo que estiveste em Troia sacra?

TEUCRO:
Participei de sua ruína e da minha.

HELENA:
Fez dela cinza o fogo dos conquistadores?

TEUCRO:
Nem mesmo da muralha resta algum resquício.

HELENA:
Helena sofre, pois levou a morte aos frígios.

TEUCRO:

110 Aos dânaos inclusive. A todos desgraçou.

HELENA:

Faz tempo que a cidade foi aniquilada?

TEUCRO:

O equivalente a sete anos de colheita.

HELENA:

Ao todo, quantos anos lá permanecestes?

TEUCRO:

Lua após lua, um decênio no total.

HELENA:

115 E a mulher espartana foi enfim levada?

TEUCRO:

Levou-a Menelau, puxando seus cabelos.

HELENA:

Viste a infeliz, ou falas por ouvir dizer?

TEUCRO:
Com estes olhos que te miram neste instante.

HELENA:
Vê se não foi um símile que um deus mandou!

TEUCRO:
120 Vamos mudar de assunto! Basta dessa Helena!

HELENA:
Então não pões em dúvida essa aparição?

TEUCRO:
Revejo em minha mente quem meus olhos viram.

HELENA:
Com seu consorte Menelau, já habita o paço?

TEUCRO:
Já não está em Argos, nem margeia o Eurota.

HELENA:
125 Notícias nada alvíssaras a quem aludes.

TEUCRO:
Os dois são dados como desaparecidos.

HELENA:
A mesma senda não trilhou o grupo argivo?

TEUCRO:
Antes que a tempestade dispersasse o grupo.

HELENA:
Por que quadrante oceânico eles deambulavam?

TEUCRO:
130 Estavam já singrando pelo mar Egeu.

HELENA:
E ninguém soube mais se Menelau voltou?

TEUCRO:
Ninguém. Na Grécia é considerado morto.

HELENA:
Quanto à filha de Téstios, ela ainda vive?

TEUCRO:
Falas de Leda? Foi-se embora e faleceu.

HELENA:
135 Matou-a a péssima reputação de Helena?

TEUCRO:
É o que se diz. Estrangulou-se numa corda.

HELENA:
E os jovens tindaridas por acaso vivem?

TEUCRO:
Há duas versões: que já não vivem ou que vivem.

HELENA:
Qual delas é melhor? Tudo isso me aniquila!

TEUCRO:
140 Viraram deuses – dizem – símiles de estrelas.

HELENA:
É belo o que enunciaste. E qual a outra versão?

TEUCRO:
Por causa dela tolhem de si mesmos o ar
vital. Chega de histórias! Não duplico as lágrimas.
Dirijo-me a este paço para consultar
145 Teônoe, a cantora do divino augúrio.
Acolhe o estrangeiro! Possa ouvir do oráculo
como manobro a vela ao vento benfazejo
para aportar em Chipre, ilha onde Apolo
previu que eu moraria. Salamina hei
150 de nomeá-la, em homenagem a outra pátria.

HELENA:
Tua viagem há de ser teu próprio oráculo.
Evita que te veja o filho de Proteu:
foge! Ele manda aqui, embora, neste instante,
siga a matilha para dizimar as feras.
155 Assim que vê um grego à sua frente, mata-o.
Evita conhecer quais são os seus motivos,
tampouco te direi, pois não terá valia.

TEUCRO:
Há sensatez em teu conselho, dama. Invoco
os deuses: dádivas de vulto te concedam!
160 Fisicamente te assemelhas a Helena,

mas não há identidade entre as duas mentes.
Desejo à outra morte horrível junto ao rio
Eurota, e a ti, a sorte mais propícia, sempre.

Teucro sai de cena.

HELENA:
A dor imensa preludia o pranto imenso.
165 Há lágrima que rivalize?
A que musa recorro,
com choro, treno ou luto? Ai!
Donzelas alivoejantes,
Sereias virgens que provêm da terra,
170 flautas e oboés da Líbia nas mãos,
acompanhai os meus clangores tétricos,
lágrimas solidárias às minhas;
ao meu sofrer, sofrer; sonoridade ao som,
enviai, cantoras, uníssonas com meu lamento,
175 e então Perséfone receba
sob a noite dos recintos
com prantos de mim
um peã
vazio de graça e sanguinolento
aos mortos cadavéricos.

Entra o coro, composto de gregas cativas.

CORO:
Não distava a água cianurazul,
180 sobre a relva revolta,
onde eu secava peplos púrpuras,
nos juncos que irrompiam.
O sol dardejava ouro.
Ali assoma um trom que lastimei,
antilira de um delírio,
185 porque então retinem ais dilacerantes
de uma ninfa:
como a náiade
em fuga nas montanhas
arroja o pranto
e nos baixios do estreito pétreo
sobregrita
190 clamores pelas núpcias com Pã.

HELENA:
Butim do remo bárbaro,
moças helênicas:
um nauta aqueu aqui passou
195 e, em sua passagem, trouxe-me lágrimas e lágrimas.

O fogaréu funesto ocupa-se
da ruína de Ílion.
O motivo sou eu, multialgoz,
o motivo é meu nome multiatroz.
200 Leda amealha a morte
com nó na gorja.
Minha desonra a afligia.
Meu consorte, finda a multierrância ao mar,
está morto.
Castor, ele e seu irmão,
210 glória gêmea do sítio natalício,
intangíveis, intangíveis,
não mais nos plainos ecoantes de cascos,
tampouco nos ginásios junto ao junco do Eurota,
210 onde os moços se exercitam.

CORO:
Ai!
Moira, a tua,
de um *dâimon* pluripenoso, dama.
Vida desvida a que te coube, a ti,
quando o Cronida uniu-se à tua mãe,
riscando o éter de luz,
215 alado cisne branquiníveo.

Que mal de ti se alija?
O que não sofreste no curso do viver?
A mãe se foi.
Os gêmeos,
220 prole aprazível de Zeus,
desvivem.
Vivem o revés da sorte adversa.
Não vislumbras teu país.
De boca a boca ouve-se, de urbe a urbe,
que adotaste, augusta,
225 um leito bárbaro,
e o teu (na turbidez marinha) esposo
deixou de viver.
Vazias de teu júbilo serão as salas do paço pátrio
e a morada brônzea de Atena.

HELENA:
Qual frígio,
230 qual grego
ceifou da terra o pinho, lágrima de Ílion?
Com ele o priamida moldou
a nau da ruína
singrando o mar com remo bárbaro
235 rumo à minha morada,

rumo à beleza mais aziaga,
com o intuito de arrebatar minhas núpcias.
Acompanha-o a multifatal e sinuosa Cípris,
guia da morte aos dânaos e priameus.
240 Revés tão infeliz!
E Hera tronidourada,
magno enleio de Zeus,
enviou o pés velozes, prole de Maia,
e, enquanto recolhia em minha túnica
pétalas de rosas, as de maior frescor,
245 oferenda a Atena, bronzimoradia,
raptou-me no entremeio do éter
até o espaço hipersublime,
e instaurou a rusga, rusga de Éris,
entre gregos e troicos.
250 O vazio do renome é o que meu nome
retém
margeando o fluxo do Simoente.

CORO:
Longe de mim negar que sofras, mas devemos
suportar o revés na vida com leveza.

HELENA:

255 A que destino, amigas, me conjugo? Quem
aos homens me gerou concede o monstruoso,
pois grega ou bárbara, nenhuma procriou
o branco invólucro do pássaro, conforme
Leda pariu de Zeus. Assim se diz. Monstruoso
260 prodígio o meu viver: eis como o sintetizo.
A causa é dupla: o fato de ser bela e Hera.
Pudera rasurar-me como na pintura,
e no lugar da bela forma haver feiura,
e a sorte má que tenho agora esquecessem
265 os gregos e o reverso do revés salvassem
como hoje salvam o revés que vem de mim.
Quando alguém mira um único acontecimento
e o deus lhe causa um mal, consegue suportá-lo,
mas, quanto a mim, naufrago em múltiplas tormentas.
270 Primeiro: me denigrem, sem ter culpa. Pior
do que ser imputada merecidamente
é ser punida pelo que não cometeu.
Segundo: os deuses sequestraram-me do solo
pátrio e, sem amigos, deram-me aos bárbaros.
275 Livre nasci, tornei-me escrava, pois aos bárbaros,
excetuando um, são servos os demais.
A minha sina, a sustentava uma só âncora,

meu par que um dia aliviaria minhas penas,
mas ele não existe mais, morreu meu cônjuge.
280 Minha mãe faleceu, e a algoz fui eu, o que é
injusto, mas injusto é tudo o que é meu.
Quem brilhava em meu lar, de mim nascida, sem
marido e já grisalha permanece virgem.
Filhos de Zeus até no nome, os dois Dióscuros
285 não vivem mais. Sofrendo tantas amarguras,
sem de fato morrer, morri nas circunstâncias.
O mais grave é que se eu voltasse para Esparta,
se fechariam as portas, pois me tomariam
pela outra Helena que tornou com Menelau.
290 Fosse ele vivo, nós nos reconheceríamos
por causa dos sinais de que só nós sabemos,
algo impossível, pois ele não mais respira.
Por que viver ainda? O que me lega a sina?
Optar por núpcias e evitar adversidades,
295 viver com bárbaro, sentada à mesa farta?
Quando a mulher se casa com alguém odioso,
seu próprio corpo torna-se igualmente odioso.
Melhor morrer, mas de que modo a morte é bela?
Estrangular-se numa corda é vergonhoso
300 até para os escravos. Dar um fim à vida
na ponta de uma espada é algo nobre e belo,

e o momento propício do *kairós* é breve
até ceifar a vida. Abismo-me ao extremo:
se a formosura propiciou destino alegre
305 às outras, para mim foi causa de ruína.

CORO:
Quem quer que seja o estrangeiro que passou,
não tomes por verdade tudo o que falou.

HELENA:
Foi claro quando disse que morreu meu cônjuge.

CORO:
Clareza não é garantia contra o falso.

HELENA:
310 Por outro lado, nela pode haver verdade.

CORO:
Te inclinas para a ruína, não para o que é bom.

HELENA:
Sim, presa do temor, receio que me tenha.

CORO:
Tens boa relação com quem habita a casa?

HELENA:
Exceção feita ao caçador de minhas bodas.

CORO:
315 Pois deixa então o espaço deste mausoléu...

HELENA:
Que tipo de conselho é esse que sugeres?

CORO:
... e busca na morada quem conhece tudo,
Teônoe, filha da nereida do oceano.
Indaga-lhe se Menelau ainda vive,
320 se não mais vê o sol. Com base no que diga,
alegra-te com tua sorte ou a lamentes.
Antes de conhecer os fatos, que vantagem
existe em padecer? Aceita o meu conselho!
Levanta desse túmulo e busca a virgem
325 que te coloca a par de tudo. Mora aqui
quem conhece a verdade, não se encontra alhures.
A fim de reforçar teu rogo oracular,

eu entrarei contigo na morada. Nós,
mulheres, ajudemo-nos umas às outras.

HELENA:

330 Aceito, amigas, os conselhos.
Entrai, entrai na casa
a fim de ouvir lá dentro
o que me desalenta.

CORO:

335 Desnecessário insistir.

HELENA:

Jornada amarga!
Estou a ponto de escutar
que narrativa digna de pranto?

CORO:

Não profetizes aflições,
nem antecipes, cara, teus lamentos.

HELENA:

340 O que meu par não suportou?
Vislumbra a luz
e o carro de Hélio-Sol

345 e os rumos das estrelas,
ou, sob a terra, entre cadáveres,
retém a sina ctônia?

CORO:
Entrega teu futuro, o que há de ser,
ao melhor!

HELENA:
Invoco-te e eis minha promessa,
exuberante Eurota,
350 jorro em brotos de juncos,
verdade o que se alastra,
se estiver morto meu marido
(há como ignorá-lo?),
envolvo meu pescoço
no laço derradeiro
355 ou a espada ansiosa de sangue
enterro fundo em meu peito,
com a intenção de evidenciar o ímpeto suicida,
um sacrifício oferecido às três divinas
e ao priamida
sentado certa vez na gruta oca
ao lado da própria rês.

CORO:
360 Que se reverta alhures teu revés
e prevaleça o bem da sorte!

HELENA:
Oh, triste Troia!
Fatos não feitos te arruínam.
Cípris procriou meu dom:
365 o sangue jorra, jorram lágrimas:
dores em dores, lágrimas em lágrimas… padecimentos!
Mães carentes dos filhos,
donzelas de irmãos cadáveres
cortam cabelos
à margem do Escamandro.
370 A Grécia dissemina ais, ulula dor,
elevam as mãos à testa,
unham de sangue
a maciez do rosto.
Ínclita virgem árcade,
375 Calisto,
foste um animal quadrúpede
ao deixar o leito de Zeus:
tua sina foi melhor que a minha!
Tinhas a forma de uma fera de patas rudes

(olhar em chamas na figura de leoa)
380 ao refugares o fardo funesto.
Filha de Mérope, titânida,
tua beleza acarretou a expulsão do coro de Ártemis,
na figura da corça, chifres de ouro.
Meu porte arruinou o baluarte dárdano,
385 arruinou aqueus.

Helena entra no palácio acompanhada pelo coro. Menelau entra em cena, maltrapilho.

MENELAU:
Ó Pélops, magno antagonista de Enomeu
em Pisa na corrida de quadriga. Ah!,
deixaras de viver no dia em que aceitaste
preparar o festim dos deuses! Não terias
390 procriado então o herói Atreu, meu pai. Do liame
com a bela Aerope foi que eu vim ao mundo,
Menelau, e Agamêmnon, célebre parelha.
A maior empreitada de um tropel – não é
bazófia! –, quem a conduziu fui eu no mar
395 a Troia. Jovens desejavam ir comigo,
sem que eu nada impusesse, como faz tirano.
Eu poderia enumerar quem lá morreu,

como citar quem escapou pelo oceano,
para levar aos lares nomes de cadáveres.
400 Desde a devastação de Ílion deambulo
por ondas cristalinas pacientemente,
embora anseie pôr os pés em minha pátria.
Indigno dessa sorte, os deuses o impedem.
Não houve um só ancoradouro da erma Líbia
405 que eu não tenha margeado e toda vez que o lar
se me descortinava, um vento me afastava.
Nenhuma brisa à vela devolveu-me à pátria.
Sem sócios, náufrago infeliz, fui expelido
nesta gleba. O navio, arremessado contra
410 as rochas, reduziu-se a um monte de destroços.
Das partes encaixadas por um mestre, só
restou a quilha que abracei para salvar
a mim e a quem fui resgatar em Troia: Helena.
Não sei o nome de quem mora no país,
415 pois me faltou coragem de indagar as gentes,
que se dariam conta dos andrajos sob
os quais oculto meu tormento. Se alguém rico
dá um passo em falso, sofre desconforto bem
maior que o homem com histórico em desgraça.
420 Mas preme o que me oprime: falta-me comida,
careço de coberta: a escória do naufrágio

que puxo sobre os membros não admite dúvidas.
Peplos de luxo e vestes de fulgor têm outro
dono: o oceano. Nos recessos de uma gruta
425 funda escondi a mulher que só me trouxe agruras
e instei os poucos companheiros que escaparam
comigo do naufrágio a nunca despregarem
os olhos dela. Só, procuro o que os sacie,
se for possível encontrar comida aqui.
430 Vislumbro uma mansão com frisos na fachada,
cujos portais sublimes são de um homem próspero.
Um nauta espera obter contribuição do lar
do rico, pois os desprovidos, mesmo se
quiserem dar um dom, não têm o que ofertar.
435 Será que algum guardião viria até aqui,
para comunicar o meu tormento ao chefe?

A velha porteira sai à frente do palácio.

ANCIÃ:
Quem se coloca à frente do portão? Vai logo
embora! Fica longe do portão do pátio!
Nem penses em incomodar o meu patrão.
440 Morres, pois nenhum grego é bem-vindo aqui.

MENELAU:
Não tenho objeções, anciã, ao que me falas.
Aquiesço, não discuto, mas por que essa raiva?

ANCIÃ:
Some daqui! Só estou cumprindo ordens: não
deixar que um homem grego entre na mansão.

MENELAU:
445 Ai! Não me empurres! Não levantes tua mão!

ANCIÃ:
Levanto, pois não me ouves! És o responsável!

MENELAU:
Entra no paço e me anuncia a teu patrão!

ANCIÃ:
Seria amargo anunciar o que me pedes.

MENELAU:
Pertenço à espécie inatacável do homem náufrago.

ANCIÃ:
450 Em lugar desta casa, busca alguma outra!

MENELAU:
De modo algum! Eu entro. A mim deves ceder!

ANCIÃ:
Que tipo inoportuno! Logo vais à força.

MENELAU:
Meu deus! Mas onde anda meu famoso exército?

ANCIÃ:
Deves ter sido alguém alhures, não aqui.

MENELAU:
455 Que sina a minha! Submeter-me à humilhação.

ANCIÃ:
Por quem lamentas? Tens os olhos marejados.

MENELAU:
Me vêm à mente os tempos de prosperidade.

ANCIÃ:
Pois vai então chorar a quem te queira o bem!

MENELAU:
Em que país estou? Quem é o rei do paço?

ANCIÃ:
460 Proteu é o dono da mansão e estás no Egito.

MENELAU:
Aonde vim parar! Egito? Que revés!

ANCIÃ:
Tens algo contra as águas rútilas do Nilo?

MENELAU:
De modo algum! Lamento minha própria sina.

ANCIÃ:
Não és o único dos seres a sofrer.

MENELAU:
465 O rei a que aludiste acaso está em casa?

ANCIÃ:
Seu memorial é aquele. O filho manda agora.

MENELAU:
E onde é que ele se encontra, fora ou no palácio?

ANCIÃ:
Fora. Ninguém detesta os gregos como ele.

MENELAU:
Qual o motivo da ojeriza, que me atinge?

ANCIÃ:
470 Filha de Zeus, Helena encontra-se na casa.

MENELAU:
Como é que é? Que história é essa? Vai! Repete!

ANCIÃ:
A tindarida, que antes habitou Esparta.

MENELAU:
Qual o sentido disso tudo? De onde veio?

ANCIÃ:
Chegou proveniente da Lacedemônia.

MENELAU:

475 Quando? Será que da caverna alguém a trouxe?

ANCIÃ:

Antes que os dânaos aportassem na Ílion sacra.
Mas vai embora! Coisas têm acontecido
aqui. Parece ter passado um vendaval.
Chegas num mau momento e, se o senhor te pega,
480 o dom de boas-vindas há de ser tua morte.
Não tenho nada contra os gregos, meu tom ácido
se deve ao fato de eu temer o soberano.

A anciã entra no palácio.

MENELAU:

O que pensar? O que dizer? Presente árduo
impõe-se à agrura amarga do passado, se é
485 que eu vim de Troia conduzindo minha esposa
raptada, salva agora no interior da gruta,
enquanto uma mulher homônima de Helena,
a outra, mora no solar. Ouvi da velha
que Zeus é o pai. Será que pode haver um homem
490 denominado Zeus à beira do rio Nilo?
Não há, pois Zeus é um e vive céu acima.
E que outra Esparta existe, exceto a que o Eurota

de belos juncos banha? Pode haver dois homens
denominados Tíndaro e alguma terra
495 homônima de Troia ou Lacedemônia?
Não sei o que dizer. Parece haver no mundo
imenso muita gente com o mesmo nome,
cidades e mulheres igualmente. Não
há nada de espantoso nisso. Não irei
500 fugir por causa da ameaça de uma escrava.
Não há um homem de índole bastante bárbara
que, ciente do meu nome, negue-me comida.
É por demais famoso o incêndio de Ílion, idem
quem ateou o fogo, Menelau. Aguardo
505 o rei desta mansão, e ficarei atento
às duas possibilidades: se for rude,
sem que me veja, voltarei para o navio,
mas se me parecer acolhedor, arrisco-me
a lhe pedir o que me impõe a circunstância.
510 Para mim o pior é que, sendo eu um rei,
tenho de rastejar perante um basileu
para sobreviver. Mas não tenho saída.
Não sou autor da frase, que atribuo a um sábio:
nada é mais forte que a cruel necessidade.

O coro retorna à cena.

CORO:

515 Em sua aparição, a virgem profetisa
deu-me a saber o que buscava no solar:
Menelau
ainda não sumiu na negra luz do Érebo,
na cripta ctônia,
520 mas se consome em ôndulas salinas
sem alcançar o solo natalício,
miserável à deriva da vida,
vazio de amigos.
A remo aporta
525 a inúmeros países alienígenas,
desde que se afastou de Ílion.

Helena sai do palácio.

HELENA:

Eis-me de volta à sédia tumular, após
ouvir o oráculo propício de Teônoe,
530 que sabe o que a verdade é. O meu marido
ainda vive e vê a luz em que reluz,
errando pelo mar de inúmeros caminhos,
no esgotamento das deambulações. Virá
no dia em que terminem suas aflições.

535 Não disse se à chegada sobreviverá.
Preferi evitar essa questão direta,
radiante quando soube que ele estava vivo.
Acrescentou que está numa região bem próxima,
um náufrago esfalfado com alguns comparsas.
540 Quando virás? Não vejo a hora de te ver!
Mas quem vem lá? Será que o filho de Proteu,
um ser sacrílego, não arma uma cilada?
Por que feito uma potra rápida ou bacante
não movo os membros ao sepulcro? Há um quê
545 de selvagem no aspecto de quem me persegue.

Helena dirige-se rapidamente à tumba de Proteu.

MENELAU:
Por que tamanho ímpeto em buscar o túmulo
e a base da coluna onde o sacrifício
queima? Por que fugir? Fiquei sem voz, atônito,
tão logo me foi dado ver tua aparição!

HELENA:
550 Alguém me tira a honra, amigas! Não consigo
chegar ao túmulo impedida pelo intruso!
Rejeito as núpcias com quem o mandou buscar-me!

MENELAU:
Não sou ladrão tampouco serviçal de um sórdido.

HELENA:
Não é o que me diz o andrajo em teu corpo.

MENELAU:
555 Não fiques temerosa e para de correr!

HELENA:
Pronto, parei, pois já atingi o lugar seguro.

MENELAU:
Quem és? A quem pertence o rosto que vislumbro?

HELENA:
A ti dirigirei idêntica pergunta.

MENELAU:
Jamais eu pude ver tamanha semelhança!

HELENA:
560 Deuses! Reconhecer os seus é algo divino.

MENELAU:
És grega ou nativa destas cercanias?

HELENA:
Sou grega. Deves me dizer de onde vens.

MENELAU:
És uma réplica idêntica de Helena.

HELENA:
E Menelau eu vejo em ti. Estou perplexa.

MENELAU:
565 Acertas ao reconhecer um ser tristíssimo.

HELENA:
Quanta demora para enlaçar a esposa!

MENELAU:
Que esposa? Não encostes um só dedo em mim!

HELENA:
Aquela que meu pai te deu um dia: Tíndaro.

MENELAU:
Manda até mim o espectro aprazível, Hécate!

HELENA:
570 Quem vês não é uma ancila de Hécate, notívaga.

MENELAU:
Mas eu não sou casado com duas mulheres.

HELENA:
A que outra companheira fazes referência?

MENELAU:
Resgatada da Frígia, a introduzi na gruta.

HELENA:
Não há nenhuma outra esposa além de mim.

MENELAU:
575 Me considero lúcido. Padece a vista?

HELENA:
Quando olhas para mim, não pensas que a vês?

MENELAU:
O corpo a reproduz, mas devo estar errado.

HELENA:
Olha! Precisas de uma prova ainda mais clara?

MENELAU:
Não poderei negar a imensa semelhança.

HELENA:
580 Que professor melhor existe que a visão?

MENELAU:
Minha doença é essa, pois tenho outra esposa.

HELENA:
Jamais estive em Troia, foi meu simulacro.

MENELAU:
E quem manufatura corpos que enxergam?

HELENA:
O éter, do qual o deus plasmou tua companheira.

MENELAU:

585 Mas qual dos deuses a configurou? Me aturdes!

HELENA:

Hera fez minha substituta. A Páris nega-me.

MENELAU:

Mas como em Troia te encontravas e aqui?

HELENA:

O nome, e não o corpo, ocupa espaços múltiplos.

MENELAU:

É suficiente o fardo que me abate. Deixa-me!

HELENA:

590 Vais me deixar para levar a esposa oca?

MENELAU:

Por seres ícone de Helena, tenhas sorte!

HELENA:

Morro. Revejo meu esposo e não o tenho.

MENELAU:
Confio em tudo o que sofri, mas não em ti.

HELENA:
Tristeza! Alguém será mais infeliz do que eu?
595 Deixou-me quem eu mais queria. Nunca mais
serei helênica, de volta a meu país.

Entra o mensageiro, antigo serviçal de Menelau.

MENSAGEIRO:
Quanta dificuldade, rei, para encontrar-te;
andei de cá pra lá por todo solo bárbaro,
mandado por marujos que deixaste atrás.

MENELAU:
600 O que há? Fostes saqueados pela gente bárbara?

MENSAGEIRO:
Houve um prodígio intraduzível em palavras.

MENELAU:
Tua pressa prenuncia novidade. Fala!

MENSAGEIRO:
Direi que foi inútil todo sofrimento.

MENELAU:
Por que chorar o mal passado? O que se passa?

MENSAGEIRO:
605 Nas dobraduras do ar, tua esposa esvaneceu.
Oculta-se no céu depois de abandonar
a gruta sacrossanta em que estava alojada.
Recordo suas palavras: "Pobres frígios, pobres
aqueus! Nas bordas do Escamandro perecestes
610 por causa de um ardil de Hera. Imagináveis
que Páris tinha quem não teve nunca: Helena.
Permaneci o tempo necessário e a sina
eu preservei. Retorno agora para o céu,
onde meu pai está. A pobre tindarida
615 ouviu coisas terríveis sem ter culpa alguma."
Filha de Leda, quer dizer que aqui estavas?
E eu que corri para anunciar tua ascensão
até as estrelas, sem supor que tinhas corpo
alado. Não permitirei que zombes outra
620 vez de nós todos. Basta a dor que provocaste
em teu marido e nos aliados na Ílion sacra.

MENELAU:
Tuas palavras coincidem com as dela,
que proferiu tão só a verdade! Ó dia ansiado,
o de poder te acalentar entre meus braços!

HELENA:
625 Ó Menelau, marido que eu adoro!
Foi longo o tempo, mas me atenho ao júbilo!
Ao recebê-lo, amigas, mal consigo me conter,
circunda-o meu braço – puro amor! –
depois de tantos sóis que flamejavam luz.

MENELAU:
630 Eu digo o mesmo! Mas são tantas as questões,
que não sei nem por onde devo começar.

HELENA:
Eriçam-me os cabelos de alegria,
as lágrimas decaem.
Meus braços lanço em tua direção, prazer,
635 amigo, a fim de que os arrebate!

MENELAU:
Ó visão que eu adoro! Ó plenitude!
Estreito a filha do Cronida e de Leda.

HELENA:
A quem meus dois irmãos, alçando as tochas,
640 sobre ginetes brancos, felicitaram, felicitaram...

MENELAU:
Há muito tempo. Mas o deus que te levou
de minha moradia e de mim
a outra
te conduz, a destino de maior relevo.

HELENA:
No bem reverte o mal, esposo, e nos reúne,
645 apesar do tempo que passou.
Possa vivenciar o gozo dessa sorte!

MENELAU:
Possa eu vivenciar igual destino! A dupla,
se é una, vive a mesma dor e alegria.

HELENA:
Relego minha dor, amigas, ao passado.
Tanto esperei que viesse de Ílion
650 meu amor, meu marido, meu amigo.
Agora tenho-o comigo.

MENELAU:
Eu digo o mesmo. Quantos sóis não renasceram
até eu perceber a ação da deusa?
As lágrimas que choro são de regozijo
655 e não de dor.

HELENA:
Haveria um mortal que pudesse esperá-lo?
Não tinha a expectativa de enlaçar-te.

MENELAU:
E eu que te imaginava na urbe de Ílion,
atrás de suas torres funestas!
660 Mas como abandonaste nossa casa?

HELENA:
Ai! Ao início da amargura tu remontas.
Ai! Solicitas a amargura de um enredo.

MENELAU:
Impõe-se-nos ouvir a dádiva dos numes.

HELENA:
A mim causa aversão a história que relato.

MENELAU:

665 Fala, que é prazeroso ouvir adversidades!

HELENA:

O remo alado não me conduziu ao leito
de um jovem bárbaro,
tampouco o amor alado de um injusto enleio...

MENELAU:

Destino ou deus? Quem te privou do solo pátrio?

HELENA:

670 Foi o filho de Zeus, esposo, foi o filho
de Maia quem me conduziu ao Nilo.

MENELAU:

Que história surpreendente! Mas quem o enviou?

HELENA:

Encharco as pálpebras de lágrimas.
Foi a esposa de Zeus quem me arruinou.

MENELAU:

675 Hera? Por qual motivo pretendeu teu mal?

HELENA:
Ai! Banhos, fontes tão terríveis para mim,
onde as deusas depuraram seus corpos,
ao principiar o julgamento.

MENELAU:
Por que esse julgamento te indispôs com Hera?

HELENA:
680 A fim de frustrar Páris.

MENELAU:
Como assim? Fala!

HELENA:
A quem a deusa Cípris destinara-me.

MENELAU:
Infeliz!

HELENA:
Sim, infeliz. Assim me trouxe até o Egito.

MENELAU:
E então, em teu lugar, lhe deu um simulacro?

HELENA:
E quanto sofrimento, mãe, em teu palácio!
685 Ai de mim!

MENELAU:
Não entendi.

HELENA:
Minha mãe faleceu. Meu casamento impróprio
levou-a a estrangular-se numa corda.

MENELAU:
De nossa filha Hermíone terás notícia?

HELENA:
Sem filhos, sem marido, ó caro,
690 lamenta minhas núpcias desnúpcias.

MENELAU:
A que extremo da ruína, Páris,
levaste o meu solar,
e muitos dânaos de armaduras brônzeas.

HELENA:
E um deus me arroja longe da cidade e longe
695 de ti, maldita e miserável,

quando deixei sem ter deixado a morada
e o leito,
por núpcias que me aviltam.

CORO:
Se no futuro te couber o lado bom
da sorte, hás de compensar o horror passado.

MENSAGEIRO:
700 Permita-me, senhor, ter parte em teu prazer,
o qual pude escutar, sem ter porém clareza.

MENELAU:
Permitirei que participes da conversa.

MENSAGEIRO:
Ela não foi culpada pelo horror em Ílion?

MENELAU:
Não, pelos deuses fomos todos enganados,
705 tendo nas mãos tão só a nuvem da desgraça.

MENSAGEIRO:
Como?
Foi pela nuvem que sofremos tantas penas?

MENELAU:
Por causa de Hera e do conflito das três deusas.

MENSAGEIRO:
Afirmas que ela é tua esposa verdadeira?

MENELAU:
710 Exatamente. Acredita no que falo!

MENSAGEIRO:
Como é difícil, filha, decifrar o deus,
como varia! Como gira eximiamente
daqui para acolá. Alguém padece, e alguém
que nunca padeceu falece de repente,
715 pois inexiste sorte estável que perdure.
Ambos carpistes, dama, a pena mais atroz,
pela maledicência e pela ação da lança.
Empenhou-se, empenhou-se sem nada auferir,
e o bem automovido trouxe enfim o júbilo.
720 Teu pai ancião e os Dióscuros não aviltaste,
nem puseste em ação o que te fez famosa.
Teu himeneu evoco novamente. Lembro-me
de apressurar meus passos soerguendo as tochas
ao lado da quadriga que te transportava

725 da casa nobre de teu pai, então casada.
Quem não reverencia assuntos de seu chefe
é vil. Com ele chora e com ele ri.
Nasci escravo, mas ao menos possa estar
entre os escravos possuidores de nobreza,
730 e se não porto o nome livre, meu espírito
é livre: é preferível isso a padecer
de duplo mal: levar em si um mau espírito
e, escravo, obedecer ao que os demais ordenam.

MENELAU:
Jamais esmoreceste, ancião multissofrido,
735 ladeando o meu escudo! Agora sê partícipe
também de minha alegria! Vai, relata
aos companheiros que deixei de prontidão
o que o destino para nós nos reservou.
Devem permanecer no litoral, atentos
740 à guerra que haverá de se iniciar em breve.
Se conseguirmos retirar daqui Helena,
todos nos empenhemos num destino único,
salvando-nos dos bárbaros, se assim pudermos.

MENSAGEIRO:
Farei o que me ordenas, rei. Mas como os áugures

745 acumulam mentiras, como valem pouco!
Nada de salutar provém da flama ardente,
da voz dos pássaros. Achar que a ave pode
ser útil para alguém é pura ingenuidade!
Calcas nada falou, nada indicou à tropa
750 ao ver amigos mortos em razão da nuvem,
tampouco Heleno, e o fogo em Troia foi inútil.
Dirias talvez: um deus assim o desejou.
Por que indagar um vate? Rogarei ao deus
em sacrifício. O vaticínio, o mando às favas!
755 Para fisgar a humanidade foi criado.
Chama no altar jamais enriqueceu ninguém;
razão e sensatez são os melhores áugures.

O mensageiro sai de cena.

CORO:
Concordo plenamente com o que o ancião
falou dos vates. A amizade dos divinos
760 é melhor do que a mântica para a morada.

HELENA:
Que seja assim! Mas o que importa é o belo agora.
Mas como te salvaste após sair de Troia?

Não há ganho em sabê-lo, mas o amigo ama
tomar ciência das agruras do amigo.

MENELAU:

765 À tua pergunta existem numerosas vias.
Por que narrar nosso revés no mar Egeu,
o fogo que de Eubeia Náuplios nos enviou,
a passagem por Creta, Líbia, pelo pico
de Perseu? Pois seria insuficiente o que eu
770 narrasse, e o meu relato me faria sofrer
de novo, redobrando assim meu sofrimento.

HELENA:

Faz mais sentido tua resposta que a pergunta.
Diz, sem considerar o resto: quanto tempo
erraste tristemente pelo dorso oceânico?

MENELAU:

775 Ao todo estive em meu navio por sete anos,
além dos outros dez que combati em Troia.

HELENA:

Tristeza! Padeceste tantos sofrimentos,
para, já salvo, seres destruído aqui.

MENELAU:
Como é que é? Há morte, cara, em tuas palavras.

HELENA:
780 Foge o mais rápido possível desta terra!
Quem hoje manda no solar te matará.

MENELAU:
Mas o que fiz que seja digno do infortúnio?

HELENA:
Tua vinda é um empecilho para as minhas núpcias.

MENELAU:
Alguém deseja se casar com minha esposa?

HELENA:
785 E me ultrajar, a mim, que o devo suportar.

MENELAU:
É um poderoso da região? Algum tirano?

HELENA:
É o filho de Proteu, senhor deste país.

MENELAU:
Compreendo o enigma que a porteira proferiu.

HELENA:
Falas de alguém posicionada em que lugar?

MENELAU:
790 Neste solar. Como um refugo me expulsou.

HELENA:
Rogavas por não ter o que comer? Tristeza!

MENELAU:
Chames como quiseres, era o que eu fazia.

HELENA:
Então estás ciente do meu casamento.

MENELAU:
Só não me é claro se subiste ao leito ou não.

HELENA:
795 Estejas certo de que não violei meu leito.

MENELAU:
Como crer nas palavras que me agradam tanto?

HELENA:
Acaso vês o túmulo onde me resguardo?

MENELAU:
Vejo o estrado com palha. Tens a ver com isso?

HELENA:
Suplico ali que não me leve ao leito régio.

MENELAU:
800 Mas não tinhas altar ou são costumes bárbaros?

HELENA:
Como um santuário, o túmulo me protegia.

MENELAU:
Então não poderei te conduzir daqui?

HELENA:
Uma espada te aguarda, mais do que meu leito.

MENELAU:
Nesse caso, eu seria o mais infortunado.

HELENA:
805 Não te envergonhes de fugir deste país.

MENELAU:
Te abandonando aqui? Por ti pus fogo em Troia.

HELENA:
Melhor do que meu leito provocar tua morte.

MENELAU:
Seria acovardar-me. Indigno de Ílion sacra.

HELENA:
Talvez queiras matar o rei, algo impossível.

MENELAU:
810 Por quê? Seu corpo é invulnerável à espada?

HELENA:
Verás. O sábio não anseia o impossível.

MENELAU:
Devo entregar-lhe as mãos a fim de que me prenda?

HELENA:
Que situação difícil! Deve haver saída.

MENELAU:
Sim, é melhor morrer fazendo alguma coisa.

HELENA:
815 Só há uma esperança, uma!, de escaparmos.

MENELAU:
Suborno? Arroubo? Ou, quem sabe, argumentando?

HELENA:
Se não for informado de que aqui chegaste.

MENELAU:
Não saberá quem sou. E quem vai lhe dizer?

HELENA:
Um ser divino a mim se alia no solar.

MENELAU:

820 Há alguma voz profética dentro do paço?

HELENA:

Refiro-me à irmã do basileu, Teônoe.

MENELAU:

Nome de profetisa. Mas, o que ela faz?

HELENA:

Dirá ao irmão que estás aqui. É pleniciente.

MENELAU:

Será o meu fim. Não tenho como me ocultar.

HELENA:

825 Quem sabe, suplicando, não a convencemos?

MENELAU:

Mas como? Uma esperança existe no que dizes.

HELENA:

Rogando que não conte nada para o irmão.

MENELAU:
Se a persuadirmos, zarparemos desta terra?

HELENA:
Só se pudermos nos valer de sua ajuda.

MENELAU:
830 Mulher é quem melhor se entende com mulher.

HELENA:
Como uma suplicante, tocarei seus joelhos.

MENELAU:
E se não for sensível ao que nós pedirmos?

HELENA:
Perdes a vida e eu me casarei à força

MENELAU:
À força? Não estás buscando uma desculpa?

HELENA:
835 Juro solenemente alçando as minhas mãos.

MENELAU:
Queres dizer que morrerás, sem conceder?

HELENA:
Contigo morrerei, usando a tua espada.

MENELAU:
Repete o juramento segurando a mão.

HELENA:
Se faleceres, não verei a luz do dia.

MENELAU:
840 Sem tua companhia, ponho fim na vida.

HELENA:
Como morrer, sem macular nosso renome?

MENELAU:
Depois de te matar, me mato sobre o túmulo.
Mas antes lutarei a luta em prol do teu
amor. Estou à espera de quem queira vir.
845 Não vou manchar a glória conquistada em Troia,
tampouco, em meu retorno à Grécia, aceito opróbrio,

eu que privei a ninfa Tétis de Aquiles,
eu que vi Ájax Telamônio agonizar,
Neleu sem filho. Não é digno perecer
850 por sua própria dama? Sim, direi: muitíssimo!
Os deuses, sendo sábios, cobrem com cuidado
o corpo do homem generoso assassinado
pelo inimigo, espargindo a terra leve.
Os vis, arrojam contra a pedra solitária.

CORO:
855 Tomara, deuses, que o futuro guarde à estirpe
dos tantalidas sorte avessa do revés!

HELENA:
Tristeza a minha! Eis o que colhi da vida.
Mas não é hora de falar, pois sai da casa
a profetisa Teônoe. Já ressoa a aldraba
860 dentro da moradia. Foge! Mas por quê?
Estando ou não aqui, ela tem plena ciência
de tua vinda. Desgraçada, me arruíno!
Sobrevivendo a Troia e ao país de bárbaros,
vens sucumbir ao golpe de uma espada bárbara.

Teônoe, acompanhada de cortejo, sai do palácio.

TEÔNOE:

865 Conduze-me portando o esplendor das tochas,
adota o rito sacro e purifica o éter
distante com enxofre. O ar nos chegue puro.
Se alguém poluiu a senda com seu pé profano,
nela depõe o fogo da catarse e agita
870 o pinho à frente, franqueando-me a passagem.
No larário doméstico, depositai
de novo a flama ao fim do culto habitual.
Helena, o que me dizes sobre os meus presságios?
Ei-lo à luz, o teu marido Menelau,
875 privado do navio e do teu simulacro.
Chegaste após sofrer, herói, muita amargura,
e agora ignoras se retornas para casa.
Sobre teu caso os deuses brigam. Hoje mesmo
reúnem-se ao redor do trono do Cronida.
880 A tua antagonista de antes, Hera, agora
mudou de opinião e quer que para casa
tornes com tua mulher, a fim de que os helenos
saibam que não passou de um pseudocasamento
a relação com Páris, dádiva de Cípris,
885 que rejeita o retorno, por temer denúncia
por compra no concurso de beleza: núpcias
vãs. Cabe-me concluir: ou falo, Menelau,

a meu irmão que estás aqui e morres (Cípris
quer) ou com Hera fico e salvo tua vida,
890 oculto dele, que mandou que eu lhe informasse
quando aportasses finalmente no país.
Quem comunica a meu irmão sua presença,
de modo a garantir minha sobrevivência?

HELENA:
Prostro-me aos teus joelhos, virgem, te suplico,
895 e aqui me sento, infeliz. Por mim, por ele,
a quem só me foi dado reencontrar há pouco,
para, quem sabe, vê-lo morto, peço: não
comentes com o teu irmão sobre o marido
que afago agora em braços cálidos, mas salva-o!
900 Suplico! Não atraiçoes tua sacra
benevolência em favor de teu irmão,
pagando a gratidão com moeda da injustiça.
Deus odeia violência e ordena que ninguém
conquiste suas posses aviltando alguém.
905 Não se deve sonhar com ouro se há desdouro.
O mesmo céu recobre a todos que pisamos
a mesma terra. Não se deve abarrotar
o lar com bens alheios, nem à força obtê-los.
Sublime e ao mesmo tempo triste para mim

910 ter sido conduzida até teu pai por Hermes,
para salvar-me a quem me quer de volta agora.
Como, sem vida, me resgataria, e como
teu pai devolveria a vida a quem morreu?
Examina a questão do ângulo do deus
915 e de teu pai: aprovariam devolver
ou não o bem de um outro? Certamente, sim!
A conclusão é que não deves respeitar
teu irmão insensato mais que o pai virtuoso.
Se, profetisa, fiel ao que é divino, arruínas
920 o que teu próprio pai considerava justo,
favorecendo teu irmão injusto, há
de ser uma vergonha conhecer dos deuses
o que é e o que será, derespeitando o justo.
Resgata-me da agrura em que me encontro imersa
925 e me faculta o refrigério à dura sina,
pois não existe um só que não despreze Helena,
famosa entre os gregos por trocar o esposo
pela mansão dos frígios onde o ouro fulge.
De volta à Grécia, caso pise novamente
930 o chão de Esparta, quem me ouvir conhecerá
que sua ruína foi tramada pelos deuses
e que jamais traí amigos. Minha filha,
que homens rejeitam, poderá então casar-se,

e, aqui abandonando minha mendicância,
935 hei de gozar do que entesouro no solar.
Morrera Menelau, ardendo numa pira,
espargiria, ausente, o amor de minhas lágrimas.
Me privo do convívio, agora que retorna?
Não faz sentido. Virgem, eis o que suplico:
940 imita o modo nobre de teu pai e dá
o que me felicita. Não existe glória
mais bela a alguém procriado por um ser tão magno,
do que reproduzir seus modos ilibados.

CORO:
Apiedo-me do que se proferiu agora,
945 apiedo-me de ti, mas ardo por saber
o que o herói proferirá em prol da vida.

MENELAU:
Eu não suportaria me prostrar de joelhos,
nem banhar as pupilas, pois a covardia
mancharia de opróbrio o que ocorreu em Troia.
950 Dizem que ao nobre é licito chorar se lhe
ocorre algum desastre. Mas essa beleza,
se isso de fato é belo, não preferirei
em desfavor do ímpeto de meu espírito.

Se julgas justo manter vivo um estrangeiro
955 empenhado em recuperar a própria esposa,
concede-me salvá-la. Pensas o contrário?
Não terá sido a primeira vez que o horror
me abate, e serás vista negativamente.
Mas o que considero digno e justo, apto
960 a sensibilizar teu nobre coração,
direi prostrado à tumba de teu pai saudoso.
Ancião, que habitas esta lápide de pedra,
suplico restituas minha esposa. Zeus
a enviou aqui a fim de que a salvasses. Sei
965 que a morte impede de fazê-lo, mas tua filha,
ao presenciar a invocação que faço ao ínfero,
não há de suportar que o outrora afamadíssimo
denigram: se assenhora do que ocorre agora.
A ti recorro, Hades: sê meu aliado!
970 Por causa dela recebeste muitos corpos,
feridos por meu gládio. Tens tua mercê:
ou restituis aqueles corpos reanimados,
ou leva esta mulher a ser ainda melhor
que o pai piedoso, devolvendo-me a mulher.
975 Se me roubardes a esposa, a ti direi
o que ela não contou em sua fala. Ó virgem,
deves saber que a jura nos mantém coesos,

primeiro, a enfrentar o teu irmão. Ou ele
mantém-se vivo ou me mantenho eu. É simples.
980 E caso não me enfrente e queira nos prender
famintos sobre a tumba em que rogamos, hei
de assassinar Helena e a mim, com minha espada
de duplo fio, ferindo-me de encontro ao fígado,
deitado no sepulcro. E o sangue escorrerá
985 num rastro tumba abaixo, e jazeremos ambos,
dois corpos lado a lado sobre a tumba lisa,
maculando teu pai, te entristecendo sempre.
Helena não se casará com teu irmão,
com nenhum outro, pois a levarei comigo,
990 se não de volta para o lar, entre os cadáveres.
Mas o que digo? Feminilizar-me aos prantos?
Fazer de mim – digno de pena! – um ser passivo?
Mata! Não matarás alguém de mau renome.
Mas sê antes sensível ao meu argumento,
995 a fim de que eu retome a esposa, com justiça.

CORO:
Cabe a ti avaliar o que foi dito. Pensa
em algo que receba a aprovação de todos.

TEÔNOE:
Sou piedosa de nascença e por querer.
Amo a mim mesma e não macularia a glória
1000 de meu pai. Não concedo a meu irmão favor
que de mim faça parecer alguém infame.
Em minha natureza habita o grande templo
da justiça, que herdei do magno herói Nereu,
e envidarei esforços para preservá-lo.
1005 Decido acompanhar o voto favorável
que Hera concede a ti. Que Cípris seja a mim
propícia, embora seu caminho de mim diste,
pois permanecerei por todo tempo virgem.
Eu faço minhas tuas palavras de censura
1010 perto da tumba de meu pai, que se mirasse
o sol, daria aval à união dos dois.
Há punição por isso no ínfero e sobre
a terra entre os humanos. Se não vive a mente
de quem morreu, o pensamento é imorredouro,
1015 que esvai permeando o éter nunca morto. Não
é o caso de estendermos mais a situação.
Sobre o que foi solicitado a mim, mantenho-me
calada. Não me prestarei a dar conselhos
à insensatez do meu irmão. Embora não
1020 pareça a ele que lhe quero bem, me empenho

em colocar um deus em sua vida ímpia.
Descobri o sendeiro por vós mesmos, que eu
me manterei distante do caminho, quieta!
Iniciai rogando aos deuses, suplicai
1025 a Cípris: vos faculte a volta sem transtorno!
Que Hera não mude o que pensou a teu respeito,
e salve a ti e a teu marido! Ó pai, que já
não vives, quanto o meu vigor permita, nunca
serás chamado ímpio ao invés de pio.

Teônoe sai de cena, retornando ao palácio.

CORO:
1030 O injusto desconhece o júbilo na vida;
a esperança salvadora está no justo.

HELENA:
Não há por que nos preocuparmos com Teônoe.
Devemos afinar o que nos vem à mente
para montar um plano que nos salve a ambos.

MENELAU:
1035 Considera este ponto: há muito tempo estás
no paço e deves ter contato com os servos.

HELENA:
Como? Conduzes a esperança de tal modo
que penso que farás o que a nós dois for útil.

MENELAU:
Tens condição de persuadir um dos cocheiros
1040 a nos ceder, quem sabe, alguma carruagem?

HELENA:
Creio que sim, mas como então nós fugiríamos
sem conhecer os plainos desta terra bárbara?

MENELAU:
Sim, não daria. Posso me ocultar no paço
para matar o soberano a fio de espada.

HELENA:
1045 Não creio que a irmã se mantivesse quieta,
se visse o irmão correndo risco de morrer.

MENELAU:
Tampouco existe algum navio a recorrer,
pois o que possuíamos, o mar o tem.

HELENA:

Até a mulher profere algo sagaz. Escuta!
1050 Posso informar, embora vivas, que morreste?

MENELAU:

Dá azar, mas, caso seja útil, estou pronto
para morrer, embora vivo, no que fales.

HELENA:

Cabelos aparados, nos lamentaríamos
em trenos femininos diante do homem ímpio.

MENELAU:

1055 Em que medida isso nos beneficia?
Esse recurso me parece fora de época.

HELENA:

Como se em pleno mar morreras, rogarei
ao rei que deixe eu devotar-te um cenotáfio.

MENELAU:

Mas se ele consentir, como sem um navio
1060 escaparemos, concluída a homenagem?

HELENA:
Solicito um baixel para baixar aos braços
do mar as oferendas que ornem tua tumba.

MENELAU:
Com quase tudo estou de acordo, mas o plano
gora se ele quiser que o rito ocorra aqui.

HELENA:
1065 Bem, nesse caso digo que não é costume
grego enterrar na terra quem morreu no mar.

MENELAU:
Outra excelente ideia. Embarcarei contigo
para deitar na mesma nau as honras fúnebres.

HELENA:
Devem também estar presentes os marujos
1070 salvos, em tua companhia, do naufrágio.

MENELAU:
Eu dirigindo a embarcação, ao mar a âncora,
meus homens, arma em punho, punem os contrários.

HELENA:
Pois fica atento: só o vento favorável
enfune as velas pela via mais propícia!

MENELAU:
1075 E, assim, os deuses põem um fim em meu pesar.
Mas quem o deixará a par de que morri?

HELENA:
Tu mesmo. Mais ninguém sobreviveu – dirás –,
nem mesmo o atrida, cuja morte presenciaste.

MENELAU:
Os trapos que revestem este corpo hão
1080 de oferecer o testemunho do naufrágio.

HELENA:
O impropício de outrora no propício gora
e tua agrura tombaria na fortuna.

MENELAU:
Devo te acompanhar ao interior do paço
ou espero em silêncio junto do sepulcro?

HELENA:

1085 Espera! Caso dê errado o que planejo,
o túmulo e a espada irão te proteger.
No paço cortarei uns cachos de cabelo
e trocarei o peplo branco pelo negro
e encravarei no rosto as unhas sanguinárias.
1090 A rixa é grave e os pratos da balança pendem:
ou morro, se desconfiarem do ardil,
ou salvo tua pele, retornando ao lar.
Ó Hera augusta, que reclinas sobre o leito
de Zeus, amaina a pena de dois entes míseros,
1095 rogamos soerguendo os braços para o céu,
onde habitas, no cíntilo bordado das
estrelas. Cípris, filha de Dione, hauriste
de minhas bodas tua beleza: não me arruínes!
Me maltrataram teus inúmeros maltratos,
1100 quando meu nome, não meu corpo, o deste aos bárbaros.
É a minha morte que desejas? Deixa ao menos
que eu morra em meu país! Do mal não te sacias,
em eros, invenções, em dolos, em engodos
te empenhas, no cruor dos filtros das moradas.
1105 Mais comedida, não existiria deusa
mais aprazível a alguém. Isso eu afirmo.

Helena entra no palácio e Menelau dirige-se ao túmulo de Proteu.

CORO:
A ti, que ocupas os recintos da música
sob copas folhicomadas,
eu gritarei,
a ti, o pássaro mais canoro da melodia,
1110 rouxinol de prantos:
vem,
trina em tua gorja trêmula,
sócio em meu treno,
o cântico a Helena, seu sofrer inútil,
1115 o destino de lágrimas das troianas,
sob a mira de lanças aqueias.
Corre por sendas ondulantes, empunha remos bárbaros,
vem, mas não vem só:
conduz aos priameus, desde a Lacedemônia,
a noiva funesta,
1120 a ti, Helena, Páris esposifatal,
sob a égide de Afrodite.

E aos aqueus, a inúmeros deles,
lanças e o tiro de pedras

desalentam.
Habitam o Hades escuro.
Esposas sem consolo cortam os cabelos.
1125 No vácuo das núpcias, jazem as moradas.
E um único aqueu liquidou incontáveis,
quando acendeu, com o rútilo das flamas,
Eubeia circum-oceânica,
herói unirremo,
cuspindo-os em rochedos cafareus,
nos promontórios salinos – lampejando o astro doloso –
1130 do Egeu.
E ao rincão sem porto de Málea,
impelem-no rajadas de tempestade.
Da bárbara expedição,
Menelau conduzia no navio
1135 o prêmio, não prêmio mas dano dos dânaos,
sagrado fantasma de Hera.

O que é deus, o que não é, o que entremeia,
algum mortal em sua procura afirma?
1140 O linde mais longínquo descobriu quem mira o divino
aqui e de novo lá e no reverso,
em sobressalto,
em acasos inesperados de antirrazões.

Tu, Helena, Zeus te gerou, és sua filha:
1145 no regaço de Leda, o alado
pai te engendrou.
Não bastou para não seres alardeada
Grécia afora
traidora, infiel, injusta, vazia de nume.
Não retenho
o que é claro, o que é entre os perecíveis.
A palavra dos deuses descobri no sem véu
1150 de sua verdade.

Insensatos vós que buscais excelências
na guerra e na ponta voraz da lança,
desatando irrefletidamente as dores
1155 na morte.
Se o conflito de sangue o decide,
a rixa nunca abdica da urbe do homem.
Foi como angariaram o tálamo da terra de Príamo,
quando era possível reverter o conflito
1160 com palavras, Helena.
Agora se encontram abaixo aos cuidados do Hades.
Como a flama de Zeus, a flama que ruiu muralhas,
e acresces mais sofrer ao sofrimento atroz
no revés de lágrimas.

Teoclimeno entra em cena com servos e cães de caça.

TEOCLIMENO:

1165 Saúdo-te, sepulcro! Eu te enterrei, Proteu,
ao lado do solar para saudar-te sempre.
Não só quando se afasta, mas quando retorna,
contigo se depara, pai, Teoclimeno.
Para o lar do tirano, servos, conduzi
1170 as cordas com que laço as feras e a matilha.
Eu a mim mesmo muitas vezes censurei
por não punir com morte as pessoas más.
Soube que um grego apareceu aqui há pouco
sem ser notado por nenhum de nossos guardas.
1175 Será espião? Será gatuno que anda à caça
de Helena? Há de morrer assim que o capturar.
Ah!
Mas tenho a impressão de ter chegado tarde:
tudo acabou! Não mais sentada sobre o túmulo,
a tindarida deve estar em alto-mar.
1180 Retirai a cancela, abri a manjedoura
dos corcéis, servos! Quero aqui as carruagens,
pois me desdobrarei para impedir que levem
embora a dama com quem quero me casar.

Helena sai do palácio.

Um momento!, pois vejo quem nós perseguimos
1185 no interior do paço, e não está fugindo.
Espera aí! Por qual motivo vestes peplo
negro ao invés do branco e da cabeça nobre
cortaste a cabeleira com o ferro? Inundas
com lágrima translúcida as maçãs do rosto,
1190 por qual motivo? À noite os sonhos te convencem
a chorar ou ouviste alguma voz de casa,
que dilacera o coração com sofrimento?

HELENA:
Senhor – eis como de ora em diante eu te nomeio –,
perdi a vida! Nada tenho, nada sou.

TEOCLIMENO:
1195 Que desgraça te abate? Fala do revés!

HELENA:
Dizê-lo é difícil: Menelau morreu.

TEOCLIMENO:
Tua fala não me alegra, embora afortunada
para mim. Foi Teônoe quem contou? Um núncio?

HELENA:
Teônoe me contou e quem o viu morrer.

TEOCLIMENO:
1200 Alguém veio trazer essa mensagem clara?

HELENA:
Sim! Que ele vá aonde eu quero que ele chegue!

TEOCLIMENO:
Quem é? Onde ele está? Quero saber detalhes.

HELENA:
É aquele que se encolhe no sopé do túmulo.

TEOCLIMENO:
Apolo! O andrajo dele indica a triste sina!

HELENA:
1205 Ai! Meu marido deve estar vestido assim.

TEOCLIMENO:
De onde ele vem? Qual é o seu país de origem?

HELENA:
É grego. Navegou na frota dos aqueus.

TEOCLIMENO:
E comentou de que maneira ele morreu?

HELENA:
Do modo mais horrível, sob a onda oceânica.

TEOCLIMENO:
1210 E ele navegava por que águas bárbaras?

HELENA:
À rocha inóspita da Líbia foi lançado.

TEOCLIMENO:
Como seu sócio na remagem não morreu?

HELENA:
O reles tem mais sorte às vezes que os melhores.

TEOCLIMENO:
Onde ficaram os destroços do navio?

HELENA:

1215 Onde a ruína não aniquilasse o herói.

TEOCLIMENO:

Com sua morte, em que navio chegou aqui?

HELENA:

Segundo disse, alguns marujos resgataram-no.

TEOCLIMENO:

E onde se encontra o engodo enviado a Troia?

HELENA:

Falas do espectro de uma nuvem? Dissipou-se.

TEOCLIMENO:

1220 Ó Ílion! Príamo! Dizimação inútil!

HELENA:

Também me inculpo pela sorte dos priâmidas.

TEOCLIMENO:

E teu marido sepultaram sob a terra?

HELENA:

Não, isso não se deu! Arruíno-me em desgraças!

TEOCLIMENO:

E foi por causa disso que cortaste os cachos?

HELENA:

1225 Onde se encontre, aqui ou não, tem meu amor.

TEOCLIMENO:

É compreensível que lamentes tal revés.

[...]

HELENA:

Seria fácil enganar a tua irmã?

TEOCLIMENO:

De modo algum. Habitarás ainda o túmulo?

HELENA:

Por que me provocar? Esquece quem se foi!

TEOCLIMENO:

1230 Fiel a ele, ainda me rejeitarás?

HELENA:
Não mais. Começa a preparar o casamento!

TEOCLIMENO:
Quanto tempo esperei, mas mesmo assim sou grato.

HELENA:
Sabes o que fazer. Passado é passado.

TEOCLIMENO:
Em que sentido? Os favores são recíprocos.

HELENA:
1235 Façamos uma trégua! Chega de discórdia.

TEOCLIMENO:
Renuncio à querela: suma em suas asas!

HELENA:
Coloco-me de joelhos diante de um amigo.

TEOCLIMENO:
Por que adotar comportamento de uma súplice?

HELENA:
Quero fazer o funeral de meu marido.

TEOCLIMENO:
1240 Tem tumba o ausente? Queres enterrar a sombra?

HELENA:
Há um costume grego. Quem morre no mar...

TEOCLIMENO:
O que é que tem? Pelópidas são sábios nisso.

HELENA:
Nós enterramos no vazio de finos panos.

TEOCLIMENO:
Concedo o rito: escolhe o espaço e erige a tumba!

HELENA:
1245 Os nautas mortos enterramos de outro modo.

TEOCLIMENO:
Mas como então? Ignoro hábitos da Grécia.

HELENA:
Levamos para o mar o que concerne ao morto.

TEOCLIMENO:
Mas o que devo fornecer ao falecido?

HELENA:
O nauta sabe. Ignoro: tive sina alvíssara.

TEOCLIMENO:
1250 Recebo bem o que tens a dizer, marujo.

MENELAU:
Eu não recebo bem, tampouco quem morreu.

TEOCLIMENO:
Como é o funeral de quem morreu no mar?

MENELAU:
Depende do que cada um pode dispor.

TEOCLIMENO:
Ignora os gastos: faz o que a satisfaça!

MENELAU:

1255 Primeiro o sangue deve escoar aos mortos.

TEOCLIMENO:

De que animal? Indica-me, que aceitarei.

MENELAU:

Do que puderes; qualquer um há de bastar.

TEOCLIMENO:

É hábito entre os bárbaros cavalo ou touro.

MENELAU:

Só se deve evitar o de má formação.

TEOCLIMENO:

1260 Não há um só assim em minha rica rês.

MENELAU:

Também um leito recoberto sem um corpo.

TEOCLIMENO:

Não há problema. Mas o que costumam doar?

MENELAU:
Armas de bronze, pois a guerra o agradava.

TEOCLIMENO:
Podes contar com armas dignas dos pelópidas.

MENELAU:
1265 E quanto ao resto, frutas que nos doa a terra.

TEOCLIMENO:
E como então lançais às ôndulas do mar?

MENELAU:
É necessária a nau munida de remeiros.

TEOCLIMENO:
A que distância o barco ficará da praia?

MENELAU:
Mal se verá da orla os remos espumarem.

TEOCLIMENO:
1270 Por quê? Por que a Grécia preza esse costume?

MENELAU:
Ao refluírem, ondas não poluam a terra.

TEOCLIMENO:
Terás os remos da Fenícia, os mais ágeis.

MENELAU:
Assim, conferes dignidade a Menelau.

TEOCLIMENO:
E podes realizar o rito sem Helena?

MENELAU:
1275 Da mãe, mulher ou filhos é a prerrogativa.

TEOCLIMENO:
Cabe a ela concluir o funeral do esposo.

MENELAU:
Ímpio seria fraudar o que se deve aos mortos.

TEOCLIMENO:
Vantagem para mim incentivar a esposa
a ser piedosa. Escolhe no solar o que orne
1280 o morto. E, quanto a ti, não vais de mãos vazias;

fizeste-lhe um favor e a mim trouxeste ótimas
notícias. Ao invés do andrajo que ora portas,
recebes roupas. Chegarás a teu país
alimentado, pois te vejo agora esquálido.
1285 E tu, infeliz, não te consumas pelo que é
inútil. Menelau conhece o seu destino
e não reviverás com pranto quem morreu.

MENELAU:
De ti depende a ação, jovem senhora: amá-lo
como marido e abandonar quem não existe.
1290 Isso é o melhor, considerando a tua sorte.
Se à Grécia eu retornar com vida, ponho um fim
às críticas que sobre ti têm recaído,
se fores a consorte com que sonha o cônjuge.

HELENA:
Assim será. Meu cônjuge não há de nos
1295 fazer qualquer censura. Verificarás
tu mesmo, estando aqui. Lá dentro, toma banho
e veste roupas novas. Não demorarei
a agir como preciso. Recobrando forças,
farás o que for necessário a Menelau
1300 que eu amo. Tens de nossa parte o necessário.

Menelau, Helena e Teoclimeno saem de cena.

CORO:
Houve um tempo em que a Máter montesa
dos deuses
apressou os pés velozes
por vales arbóreos,
pelo fluxo das águas,
1305 pela fundoecoante onda salina,
ansiando a donzela longínqua,
cujo nome não se pronuncia.
Címbalos estrídulos
chilreando o lancinante trilo
sobregritaram
1310 quando a deusa jungiu ao coche
a parelha de feras.
Pés de tempestade,
Ártemis manuseadora de arcos
1315 busca a moça sequestrada
do círculo coral das virgens,
com a Olhitétrica pleniarmada.
Mas, em vislumbres de luz,
do trono celeste,
Zeus decide moira diversa.

E quando a Mãe estanca
1320 a multierrante corrida de seu penar,
à procura do rapto doloso da filha,
havia cruzado o nevinutrido mirante do Ida
onde as ninfas habitam.
1325 E na dor se lança
pelos bosques pétreos poliníveos.
E aos mortais, o plaino sem verdor da terra
não frutificava nos arados
e a raça dos humanos arruína
e recusa à rês o viço das folhas que espiralam
1330 na forragem
e a vida fugia das cidades
e não havia sacrifícios aos eternos,
e, sem fogo, o incenso abortava nos altares,
1335 e, do rocio das fontanas,
ela impede fluir o rútilo das águas,
vingança pela agrura da filha.

Pôs fim ao festim dos deuses e da raça dos mortais,
e Zeus decide aplacar
1340 a fúria tétrica da Máter.
Profere: "Ide, Graças augustas,

buscai Deó, colérica
pela donzela,
com ululo alijai as lágrimas,
1345 e vós, Musas, com cânticos para danças."
E o vozeio ctônio de bronze
e os tamborins de pele retesa,
retém, então, e a vez era primeira,
belíssima entre os bem-aventurados,
Cípris.
E a deusa sorriu
1350 e tomou entre as mãos a flauta ampliaguda,
e o timbre a deleita.

Do que é ilícito, do que contraria a sacralidade
inflamaste as câmaras dos numes.
1355 Ganhas a ira da Máter magna, menina,
por negligenciá-la em sacrifícios.
Imenso o poderio
das multicintilantes vestes da pele do cervo,
1360 do verdor que coroa de hera
a férula sagrada,
do tremor circular do tamborim
na espiral etérea,
dos cabelos que Baco dionisa,

1365 dos festivais pan-notívagos da deusa.
E a lua transpôs o dia.
Da beleza de tua forma tão somente
te gabavas.

Helena sai do palácio com Menelau.

HELENA:
Nos favorece a sorte, amigas, no solar.
1370 A filha de Proteu nos ajudou e nada
relatou ao irmão de Menelau estar
aqui presente. Ao contrário: morto, não
veria mais a luz do sol. Eis seu auxílio.
E meu marido fisga a sorte benfazeja.
1375 As armas que arremessaria ao mar, mantém-nas
atadas a seus braços com uma correia.
E com a mão direita ele empunha a lança,
como se cooperasse com as oferendas.
Empenha-se em ornar o corpo para guerra
1380 a fim de erguer troféus que os bárbaros nos derem
quando embarcarmos no navio de muitos remos.
Eu mesma me ocupei de refugar-lhe os trapos,
de vesti-lo com túnica, após banhá-lo
nas águas do riacho há muito aguardadas.

1385 Mas eis que irrompe do solar quem imagina
manter nas próprias mãos meus esponsais. Melhor
nada dizer agora. Peço gentilmente
que controles tua língua. Se pudermos nos
salvar, a ti ajudaremos algum dia.

Teoclimeno sai do palácio, seguido de servos que portam oferendas.

TEOCLIMENO:

1390 Em fila, escravos, avançai, como orientou
o forasteiro, com ofertas rumo ao mar.
Mas quanto a ti, Helena, peço que me ouças:
não vás! Serão as mesmas honras, se as renderes
a teu marido aqui ou lá. O meu temor
1395 é que um desejo possa recair em ti
e te convença a abandonar teu corpo ao mar,
dobrada pelo amor por teu primeiro esposo.
Na ausência dele, os teus lamentos multiplicam-se.

HELENA:

Ó meu novo marido, impõe-se-me honrar
1400 meu esposo anterior e o leito a que subi
ainda virgem. Por amor a meu consorte,
morreria a seu lado, mas, morrer com morto,

no que isso o favoreceria? Mas permite
que eu participe das exéquias pessoalmente.
1405 Que os deuses te concedam o que a ti desejo
e a este forasteiro, que nos auxilia.
Serei tua mulher da qual terás orgulho
em teu solar, pois és gentil com Menelau,
também comigo. Não faria nenhum reparo.
1410 Designa o responsável pela nau em que
conduzimos o rito. A graça se perfaça!

TEOCLIMENO:
Concede-lhes um penteconter da Sidônia,
com a equipagem de cinquenta remadores.

HELENA:
O capitão será quem organiza o rito?

TEOCLIMENO:
1415 Sim, meus marujos seguirão sua instrução.

HELENA:
Insiste nesse ponto para que ouçam todos!

TEOCLIMENO:
Ordeno uma segunda vez e uma terceira.

HELENA:
Desejo-te sucesso e a mim em meu projeto.

TEOCLIMENO:
Não arruínes tua tez chorando muito.

HELENA:
1420 Esta jornada esclarece a gratidão.

TEOCLIMENO:
O que é do morto é nada, exceto a dor do outro.

HELENA:
O que aqui fazemos repercute lá.

TEOCLIMENO:
Serei esposo superior a Menelau.

HELENA:
Em nada te censuro. A mim demando sorte!

TEOCLIMENO:
1425 De ti depende – se comigo simpatizas.

HELENA:
Aprenderei a amar amigos outra hora.

TEOCLIMENO:
Não queres que conduza eu mesmo a expedição?

HELENA:
De modo algum! Não sejas servo de teus servos.

TEOCLIMENO:
Que se respeitem os costumes dos pelópidas!
1430 Nada macula meu solar, pois Menelau
morreu noutro lugar. Alguém requeira aos outros
chefes que levem dádivas de casamento
à minha casa. A terra, toda ela, soe
os hinos de alegria. As bodas com Helena
1435 comigo sejam de causar inveja a todos!
E tu, estrangeiro, após chegar ao braço oceânico
onde ofereces dons ao ex-marido dela,
traz logo minha esposa para este solar!
Convido-te ao festejo de meu casamento,
1440 depois do qual irás ou serás rico aqui.

Teoclimeno sai de cena.

MENELAU:
Ó Zeus, ó pai, ó sabedor, como te chamam,
olha em nossa direção e afasta os males!
Um dedo teu que nos alcance é suficiente
para atingirmos o sucesso que almejamos!
1445 Não tardes, que ao penhasco vamos do infortúnio!
É suficiente o sofrimento que sofremos.
Ó deuses, muito já roguei que ouvísseis tantas
dores inúteis! Não desejo sempre errar
no meu agir, mas caminhar com pés eretos.
1450 Um dom de vós alegraria a minha vida.

Menelau e Helena saem.

CORO:
Galé veloz fenícia da Sidônia,
cujo rumor dos remos
agrada às ondas de Nereu,
corego do coro de beleza dos delfins,
1455 quando nem mesmo a brisa sopra no oceano,
e a verdicinza filha do Mar,
Calmaria, assim se pronuncia:
"Baixai as velas
1460 no abandono das auras marinhas,

empunhai as lâminas do pinho,
ó nautas, ó nautas,
escolta de Helena
à orla de portos aprazíveis,
morada de Perseu."

1465 Quem sabe encontrarias as moças
filhas de Leucipo
nas fímbrias do rio que ondula,
diante do templo de Palas,
ao cabo de tanto tempo,
para ingressar nos coros
ou nos cortejos de Jacinto,
1470 em júbilo notívago,
morto, no auge da discórdia,
pelo disco afilado de Febo
que regira.
E um dia o filho de Zeus
1475 determinou fosse honrado
em terra lacedemônia
com sacrifício de bois.
E a novilha que deixaras em casa,
Hermíone, encontrarias,
sem o lampejo ainda de tochas nupciais.

Fôramos no entremeio do ar, aladas,
aonde na Líbia
1480 o feixe de grous deixa a intempérie do frio,
obediente à siringe do pastor veterano,
que, no sobrevoo de planícies áridas
1485 e frutíferas, grita!
Ó aves gorjilongas,
companheiras no périplo das nuvens,
1490 ide sob as Plêiades no meio de seu círculo
e Órion noturno,
arautos da mensagem,
no pouso que abeira o Eurotas:
Menelau, conquistada a urbe dardânia,
retorna ao domicílio.

1495 Tornai, no arroubo que rasga o éter,
pelo sendeiro dos corcéis,
filhos de Tíndaro,
moradores celestes,
1500 salvadores de Helena,
sobre ôndulas verdiglaucas,
sobre o gris rumorejante cinzazul
das vagas marinhas,

1505 enviando, de Zeus,
o sopro das brisas aprazíveis!
Arrojai, da irmã,
a má fama do leito bárbaro!
Em razão da rixa no monte Ida,
coube-lhe a punição,
1510 sem nunca ter ido à terra de Ílion,
às torres que Febo erigiu.

Entram em cena, na porta do palácio, Teoclimeno e o mensageiro.

MENSAGEIRO:
O pior descobrimos, rei, na moradia.
Logo ouvirás de mim mensagem dolorosa.

TEOCLIMENO:
O que acontece?

MENSAGEIRO:
Empenha-te em cortejar
1515 outra mulher: Helena abandonou o país.

TEOCLIMENO:
Alçando voo ou demarcando, a passo, o chão?

MENSAGEIRO:
Menelau a levou daqui. Não era outro
senão o tipo que anunciou a sua morte.

TEOCLIMENO:
O teu relato é terrível! Que navio
1520 os conduziu daqui? Não posso acreditar!

MENSAGEIRO:
O que emprestaste ao forasteiro. Impôs sua força
aos marinheiros e partiu. Eis meu resumo.

TEOCLIMENO:
Mas como? Anseio conhecer. Não é razoável
ter ido embora assim. Um braço apenas não
1525 derrota tantos nautas, com os quais viajaste.

MENSAGEIRO:
Tão logo abandonou o paço régio, a filha
de Zeus foi conduzida em direção ao mar.
Movia os pés sutis, enquanto astuciosa-
mente chorava o par passado, ali presente.
1530 Quando chegamos ao local dos estaleiros,

movemos o navio sidônio nunca usado,
com remos acoplados aos cinquenta bancos.
Nos sucedíamos em plena atividade.
Um dos marujos trouxe o mastro, um outro, o remo,
1535 houve quem transportasse as velas empilhadas
e por correias os timões eram baixados.
Prestavam atenção em como procedíamos
uns gregos (como viemos a saber) do grupo
de Menelau. À praia vinham como náufragos
1540 vestidos com certa elegância, embora esquálidos.
Ao vê-los perto, o atrida dirigiu a todos
palavras calculadas cheias de piedade:
"Ó infelizes! Como, de que nave aqueia
viestes parar aqui, depois de naufragarem?
1545 Vinde ajudar no funeral do atrida! A filha
de Tíndaro devota um cenotáfio ao cônjuge."
Fingindo lágrimas aos borbotões, avançam
até a embarcação, portando as oferendas
de Menelau. Desconfiávamos de algo
1550 e cochichávamos como eram numerosos
os passageiros extras, mas nada externamos,
cumprindo as tuas ordens de que o estrangeiro
comandasse o navio. Causaste a confusão.
Nada pesava demasiadamente a ponto

1555 de tardar o transporte, exceto o touro cujos
pés relutavam no avanço pela rampa.
Bramia ensurdecedoramente, os olhos
girava, o lombo arqueava, em meio ao chifre, olhava
de viés: ninguém tocasse nele! Menelau
1560 se exasperou: "Saqueadores de Ílion sacra,
relutais em erguer, conforme é nosso hábito,
o corpanzil do touro sobre os ombros jovens
para arrojá-lo à proa? A espada então reluta
em afundar na vítima do sacrifício?"
1565 Não precisou mandar uma segunda vez:
suspenso o touro, o depositam no soalho.
Afagando o pescoço e a testa de um corcel,
Menelau o convence a embarcar no lenho.
Concluída a remoção de tudo para a nau,
1570 Helena avança os pés de belos tornozelos
para os degraus. Sentou-se entre os remadores,
perto de quem era considerado morto.
Os outros dividiam-se à direita e à esquerda,
homem a homem, nos assentos. Ocultavam
1575 o gládio sob as vestes. Ondas preenchiam-se
de brados quando ouvíamos vozear o contramestre. Já não distava pouco ou muito a terra
quando se pronunciou assim o timoneiro:

“Devemos prosseguir ou já é suficiente,
1580 estrangeiro? Comandas esta embarcação.”
Respondeu: “É o bastante.” Então empunha a espada
e vai em direção à proa. Na iminência
do sacrifício, não refere morto algum,
corta o pescoço do animal e ora: “Deus
1585 do mar, Posêidon, filhas de Nereu augustas,
rumo às praias da Náuplia, protegei a esposa
e a mim, ilesos desta terra!” O sangue jorra
aos borbotões no mar, propiciador a ele.
Alguém gritou: “Esta viagem é um golpe!
1590 Naveguemos de volta! Ordena a rota reta,
manobra esse timão!” E o atreu gritou aos sócios,
do lugar onde degolava o animal:
“Por que motivo demorais, ó flor da Grécia,
a eliminar os bárbaros, arremessá-los
1595 da embarcação ao mar?” E o contramestre emite
então ordem contrária para os teus marujos:
“Fazei da trave arma, arrebentai o banco,
usai como porrete o remo do tolete,
ensanguentai a testa dessa gente hostil!”
1600 Ato contínuo, em pé, alguns seguram paus
que arrancam do navio, outros empunham gládios.
A nave era um charco rubro. Então, da popa,

Helena exorta: "Onde se encontra a glória de Ílion?
Mostrai aos bárbaros!" O afã movia a todos,
1605 caíam, levantavam-se, e verias mortos
jazendo no soalho. O forasteiro, arma
em punho, onde notasse alguém correndo risco,
enristava a espada com a mão direita,
lançando-nos ao mar da embarcação. Os bancos
1610 dos nautas se esvaziam. Foi ao timoneiro
para mandá-lo dirigir o barco à Grécia.
O mastro recomposto, os leva a brisa afável.
Foi como eles partiram. Escapei da morte,
deixando-me cair ao mar, bem rente à âncora.
1615 Extremamente extenuado, um pescador
me recolheu, me devolveu à terra. Coube-me
ser portador da novidade. Nada é mais
útil do que a sabença da desconfiança.

CORO:
Jamais eu poderia imaginar que o atrida
1620 passasse por aqui, senhor, sem ser notado.

TEOCLIMENO:
Fui vítima de estratagema feminino!
Escapam-me as bodas. Eu me empenharia

em capturá-los se pudesse persegui-los.
Minha irmã traidora punirei agora,
1625 pois viu em casa Menelau e nada disse.
Jamais enganará alguém com profecias.

Teoclimeno pretende entrar no palácio, mas é impedido por um servo.

SERVO:
Aonde os pés te levam, rei? A que matança?

TEOCLIMENO:
Convoca-me a justiça. Sai da minha frente!

SERVO:
Não largo tuas vestes. Tombas na ruína.

TEOCLIMENO:
1630 Escravo, queres governar um soberano?

SERVO:
Penso em fazer o bem.

TEOCLIMENO:
Não o meu! Se não permitires...

SERVO:
Eu não permitirei.

TEOCLIMENO:
... que eu mate o horror que é minha irmã...

SERVO:
Ouso dizer: a mais piedosa.

TEOCLIMENO:
... que me traiu...

SERVO:
Bela traição, se fez o justo.

TEOCLIMENO:
... minha consorte dando a outro.

SERVO:
A quem cabia mais.

TEOCLIMENO:
Mais do que a mim?

SERVO:

1635 O pai a deu a Menelau.

TEOCLIMENO:

E a sorte a deu a mim.

SERVO:

Necessidade impõe-se.

TEOCLIMENO:

Não cabe a ti julgar-me.

SERVO:

Se eu disser o melhor.

TEOCLIMENO:

Sou comandado, já não mando?

SERVO:

No que é acertado, não no injusto.

TEOCLIMENO:

Pareces desejar morrer.

SERVO:
Mata, mas tua irmã
1640 não matas, que eu impeço. Elimina a mim.
Afama o servo nobre a morte pelo chefe.

Os Dióscuros aparecem ex machina.

CASTOR:
Contém a fúria que te guia erradamente,
senhor deste país. Nós somos os Dióscuros,
os dois. Tal qual Helena que fugiu do paço,
1645 Leda também nos deu à luz. Não eram tuas
as núpcias com as quais te encolerizas. Não
erra a donzela que a nereida procriou,
refiro-me a Teônoe, tua irmã. Honrou
a decisão dos deuses, o que o pai mandou.
1650 Até a presente data, impôs-se que ela aqui
morasse, no interior do teu palácio. Troia
com suas fortificações aniquilada,
o nome forneceu aos deuses, nada mais.
Sob o jugo do próprio casamento deve
1655 ficar com o marido em seu antigo lar.
Mantém longe de tua irmã a negra espada
e considera que ela agiu com sensatez.

Há muito ambos teríamos resgatado a irmã,
pois o Cronida fez de nós seres divinos,
1660 mas somos inferiores ao que a sina assina
e aos numes, que definem tudo o que se dá.
A ti é o que eu diria, mas à minha irmã
eu me dirijo: vai com teu marido, o vento
será propício. Nós, teus dois irmãos, o mar
1665 cavalgaremos, protegendo o teu retorno.
E, na reta final, concluindo tua vida,
serás chamada deusa e com os dois Dióscuros
partilharás das libações, os dons obtendo
conosco dos humanos. Zeus decide assim.
1670 E a região em que Hermes te levou primeiro,
ao te guiar de Esparta entremeado no éter,
furtando o corpo para não casar contigo
Páris, refiro a ilha que se estende na Ática
como uma sentinela – Helena é como a chamam,
1675 pela acolhida, sequestrada do solar.
E o erradio Menelau, deuses decidem,
habitará a Ilha dos Aventurados.
Os deuses não desprezam nobres de nascença,
suportam dor maior do que a multidão.

TEOCLIMENO:

1680 Filhos de Leda e Zeus, não mais me envolverei
numa querela pela irmã dos dois. Ao lar
ela retorne, se é o que os deuses definiram.
Tampouco minha irmã pretendo assassinar.
Corre nos dois o mesmo sangue da irmã,
1685 alguém que prima por virtude e sensatez.
O pensar nobilíssimo de Helena alegre
os dois! Mulher assim é rara hoje em dia.

Os Dióscuros saem de cena, alçados pelo mecanismo que os trouxe, Teoclimeno e o servo entram no palácio.

CORO:

Muitas as formas dos divinos,
muito os deuses impõem inesperadamente.
1690 O que se imaginou não se cumpriu
e o não imaginado o deus viabilizou.
É como esta ação termina.

Ἑλένη,
τοῦ Εὐριπίδου

O texto grego que segue é o da edição de Gilbert Murray (*Helen*, Oxford, 1913), que o tradutor cotejou com os da edição de David Kovacs (Loeb Classical Library, 2002), Peter Burian (Aris & Philips Classical Texts, 2007) e William Allan (Cambridge University Press, 2008).

ἙΛΕΝΗ

Νείλου μὲν αἵδε καλλιπάρθενοι ῥοαί,
ὃς ἀντὶ δίας ψακάδος Αἰγύπτου πέδον
λευκῆς τακείσης χιόνος ὑγραίνει γύας.
Πρωτεὺς δ᾽ ὅτ᾽ ἔζη τῆσδε γῆς τύραννος ἦν,
5 Φάρον μὲν οἰκῶν νῆσον, Αἰγύπτου δ᾽ ἄναξ,
ὃς τῶν κατ᾽ οἶδμα παρθένων μίαν γαμεῖ,
Ψαμάθην, ἐπειδὴ λέκτρ᾽ ἀφῆκεν Αἰακοῦ.
τίκτει δὲ τέκνα δισσὰ τοῖσδε δώμασι,
Θεοκλύμενον ἄρσεν᾽ ὅτι δὴ θεοὺς σέβων
10 βίον διήνεγκ᾽ εὐγενῆ τε παρθένον
Εἰδώ, τὸ μητρὸς ἀγλάισμ᾽, ὅτ᾽ ἦν βρέφος;
ἐπεὶ δ᾽ ἐς ἥβην ἦλθεν ὡραίαν γάμων,
καλοῦσιν αὐτὴν Θεονόην; τὰ θεῖα γὰρ
τά τ᾽ ὄντα καὶ μέλλοντα πάντ᾽ ἠπίστατο,
15 προγόνου λαβοῦσα Νηρέως τιμὰς πάρα.
ἡμῖν δὲ γῆ μὲν πατρὶς οὐκ ἀνώνυμος
Σπάρτη, πατὴρ δὲ Τυνδάρεως; ἔστιν δὲ δὴ
λόγος τις ὡς Ζεὺς μητέρ᾽ ἔπτατ᾽ εἰς ἐμὴν
Λήδαν κύκνου μορφώματ᾽ ὄρνιθος λαβών,
20 ὃς δόλιον εὐνὴν ἐξέπραξ᾽ ὑπ᾽ αἰετοῦ
δίωγμα φεύγων, εἰ σαφὴς οὗτος λόγος;
Ἑλένη δ᾽ ἐκλήθην. ἃ δὲ πεπόνθαμεν κακὰ
λέγοιμ᾽ ἄν. ἦλθον τρεῖς θεαὶ κάλλους πέρι

Ἰδαῖον ἐς κευθμῶν᾽ Ἀλέξανδρον πάρα,
25 Ἥρα Κύπρις τε διογενής τε παρθένος,
μορφῆς θέλουσαι διαπεράνασθαι κρίσιν.
τοὐμὸν δὲ κάλλος, εἰ καλὸν τὸ δυστυχές,
Κύπρις προτείνασ᾽ ὡς Ἀλέξανδρος γαμεῖ,
νικᾷ. λιπὼν δὲ βούσταθμ᾽ Ἰδαῖος Πάρις
30 Σπάρτην ἀφίκεθ᾽ ὡς ἐμὸν σχήσων λέχος.
Ἥρα δὲ μεμφθεῖσ᾽ οὕνεκ᾽ οὐ νικᾷ θεάς,
ἐξηνέμωσε τἄμ᾽ Ἀλεξάνδρῳ λέχη,
δίδωσι δ᾽ οὐκ ἔμ᾽, ἀλλ᾽ ὁμοιώσασ᾽ ἐμοὶ
εἴδωλον ἔμπνουν οὐρανοῦ ξυνθεῖσ᾽ ἄπο,
35 Πριάμου τυράννου παιδί; καὶ δοκεῖ μ᾽ ἔχειν —
κενὴν δόκησιν, οὐκ ἔχων. τὰ δ᾽ αὖ Διὸς
βουλεύματ᾽ ἄλλα τοῖσδε συμβαίνει κακοῖς;
πόλεμον γὰρ εἰσήνεγκεν Ἑλλήνων χθονὶ
καὶ Φρυξὶ δυστήνοισιν, ὡς ὄχλου βροτῶν
40 πλήθους τε κουφίσειε μητέρα χθόνα
γνωτόν τε θείη τὸν κράτιστον Ἑλλάδος.
Φρυγῶν δ᾽ ἐς ἀλκὴν προυτέθην ἐγὼ μὲν οὔ,
τὸ δ᾽ ὄνομα τοὐμόν, ἆθλον Ἕλλησιν δορός.
λαβὼν δέ μ᾽ Ἑρμῆς ἐν πτυχαῖσιν αἰθέρος
45 νεφέλῃ καλύψας — οὐ γὰρ ἠμέλησέ μου
Ζεύς — τόνδ᾽ ἐς οἶκον Πρωτέως ἱδρύσατο,
πάντων προκρίνας σωφρονέστατον βροτῶν,

ἀκέραιον ὡς σῴσαιμι Μενέλεῳ λέχος.
κἀγὼ μὲν ἐνθάδ᾽ εἴμ᾽, ὁ δ᾽ ἄθλιος πόσις
50 στράτευμ᾽ ἀθροίσας τὰς ἐμὰς ἀναρπαγὰς
θηρᾷ πορευθεὶς Ἰλίου πυργώματα.
ψυχαὶ δὲ πολλαὶ δι᾽ ἔμ᾽ ἐπὶ Σκαμανδρίοις
ῥοαῖσιν ἔθανον; ἡ δὲ πάντα τλᾶσ᾽ ἐγὼ
κατάρατός εἰμι καὶ δοκῶ προδοῦσ᾽ ἐμὸν
55 πόσιν συνάψαι πόλεμον Ἕλλησιν μέγαν.
τί δῆτ᾽ ἔτι ζῶ; θεοῦ τόδ᾽ εἰσήκουσ᾽ ἔπος
Ἑρμοῦ, τὸ κλεινὸν ἔτι κατοικήσειν πέδον
Σπάρτης σὺν ἀνδρί, γνόντος ὡς ἐς Ἴλιον
οὐκ ἦλθον, ἵνα μὴ λέκτρ᾽ ὑποστρώσω τινί.
60 ἕως μὲν οὖν φῶς ἡλίου τόδ᾽ ἔβλεπεν
Πρωτεύς, ἄσυλος ἦ γάμων; ἐπεὶ δὲ γῆς
σκότῳ κέκρυπται, παῖς ὁ τοῦ τεθνηκότος
θηρᾷ γαμεῖν με. τὸν πάλαι δ᾽ ἐγὼ πόσιν
τιμῶσα Πρωτέως μνῆμα προσπίτνω τόδε
65 ἱκέτις, ἵν᾽ ἀνδρὶ τἀμὰ διασῴσῃ λέχη,
ὡς, εἰ καθ᾽ Ἑλλάδ᾽ ὄνομα δυσκλεὲς φέρω,
μή μοι τὸ σῶμά γ᾽ ἐνθάδ᾽ αἰσχύνην ὄφλῃ.

ΤΕΥΚΡΟΣ

τίς τῶνδ᾽ ἐρυμνῶν δωμάτων ἔχει κράτος;
πλούτου γὰρ οἶκος ἄξιος προσεικάσαι,

70 βασίλειά τ᾽ ἀμφιβλήματ᾽ εὔθριγκοί θ᾽ ἕδραι.
ἔα;
ὦ θεοί, τίν᾽ εἶδον ὄψιν; ἐχθίστην ὁρῶ
γυναικὸς εἰκὼ φόνιον, ἥ μ᾽ ἀπώλεσεν
πάντας τ᾽ Ἀχαιούς. θεοί σ᾽, ὅσον μίμημ᾽ ἔχεις
75 Ἑλένης, ἀποπτύσειαν. εἰ δὲ μὴ ᾽ν ξένῃ
γαίᾳ πόδ᾽ εἶχον, τῷδ᾽ ἂν εὐστόχῳ πτερῷ
ἀπόλαυσιν εἰκοῦς ἔθανες ἂν Διὸς κόρης.

ἙΛΕΝΗ

τί δ᾽, ὦ ταλαίπωρ᾽ — ὅστις ὤν μ᾽ ἀπεστράφης
καὶ ταῖς ἐκείνης συμφοραῖς ἐμὲ στυγεῖς;

ΤΕΥΚΡΟΣ

80 ἥμαρτον; ὀργῇ δ᾽ εἶξα μᾶλλον ἤ με χρῆν;
μισεῖ γὰρ Ἑλλὰς πᾶσα τὴν Διὸς κόρην.
σύγγνωθι δ᾽ ἡμῖν τοῖς λελεγμένοις, γύναι.

ἙΛΕΝΗ

τίς δ᾽ εἶ; πόθεν γῆς τῆσδ᾽ ἐπεστράφης πέδον;

ΤΕΥΚΡΟΣ

εἷς τῶν Ἀχαιῶν, ὦ γύναι, τῶν ἀθλίων.

ἙΛΕΝΗ

85 οὐ τἄρα σ' Ἑλένην εἰ στυγεῖς θαυμαστέον.
ἀτὰρ τίς εἶ πόθεν; τίνος δ' αὐδᾶν σε χρή;

ΤΕΥΚΡΟΣ

ὄνομα μὲν ἡμῖν Τεῦκρος, ὁ δὲ φύσας πατὴρ
Τελαμών, Σαλαμὶς δὲ πατρὶς ἡ θρέψασά με.

ἙΛΕΝΗ

τί δῆτα Νείλου τούσδ' ἐπιστρέφῃ γύας;

ΤΕΥΚΡΟΣ

90 φυγὰς πατρῴας ἐξελήλαμαι χθονός.

ἙΛΕΝΗ

τλήμων ἂν εἴης; τίς δέ σ' ἐκβάλλει πάτρας;

ΤΕΥΚΡΟΣ

Τελαμὼν ὁ φύσας. τίν' ἂν ἔχοις μᾶλλον φίλον;

ἙΛΕΝΗ

ἐκ τοῦ; τὸ γάρ τοι πρᾶγμα συμφορὰν ἔχει.

ΤΕΥΚΡΟΣ

Αἴας μ' ἀδελφὸς ὤλεσ' ἐν Τροίᾳ θανών.

ἙΛΕΝΗ

95 πῶς; οὔ τί που σῷ φασγάνῳ βίον στερεῖς;

ΤΕΥΚΡΟΣ

οἰκεῖον αὐτὸν ὤλεσ᾽ ἅλμ᾽ ἐπὶ ξίφος.

ἙΛΕΝΗ

μανέντ᾽; ἐπεὶ τίς σωφρονῶν τλαίη τάδ᾽ ἄν;

ΤΕΥΚΡΟΣ

τὸν Πηλέως τιν᾽ οἶσθ᾽ Ἀχιλλέα γόνον;

ἙΛΕΝΗ

ναί;
μνηστήρ ποθ᾽ Ἑλένης ἦλθεν, ὡς ἀκούομεν.

ΤΕΥΚΡΟΣ

100 θανὼν ὅδ᾽ ὅπλων ἔριν ἔθηκε συμμάχοις.

ἙΛΕΝΗ

καὶ δὴ τί τοῦτ᾽ Αἴαντι γίγνεται κακόν;

ΤΕΥΚΡΟΣ

ἄλλου λαβόντος ὅπλ᾽ ἀπηλλάχθη βίου.

ἙΛΕΝΗ

σὺ τοῖς ἐκείνου δῆτα πήμασιν νοσεῖς;

ΤΕΥΚΡΟΣ

ὁθούνεκ᾽ αὐτῷ γ᾽ οὐ ξυνωλόμην ὁμοῦ.

ἙΛΕΝΗ

105 ἦλθες γάρ, ὦ ξέν᾽, Ἰλίου κλεινὴν πόλιν;

ΤΕΥΚΡΟΣ

καὶ ξύν γε πέρσας αὐτὸς ἀνταπωλόμην.

ἙΛΕΝΗ

ἤδη γὰρ ἧπται καὶ κατείργασται πυρί;

ΤΕΥΚΡΟΣ

ὥστ᾽ οὐδ᾽ ἴχνος γε τειχέων εἶναι σαφές.

ἙΛΕΝΗ

ὦ τλῆμον Ἑλένη, διὰ σ᾽ ἀπόλλυνται Φρύγες.

ΤΕΥΚΡΟΣ

110 καὶ πρός γ᾽ Ἀχαιοί; μεγάλα δ᾽ εἴργασται κακά.

ἙΛΕΝΗ

πόσον χρόνον γὰρ διαπεπόρθηται πόλις;

ΤΕΥΚΡΟΣ

ἑπτὰ σχεδόν τι καρπίμους ἐτῶν κύκλους.

ἙΛΕΝΗ

χρόνον δ᾽ ἐμείνατ᾽ ἄλλον ἐν Τροίᾳ πόσον;

ΤΕΥΚΡΟΣ

πολλὰς σελήνας, δέκα διελθούσας ἔτη.

ἙΛΕΝΗ

115 ἦ καὶ γυναῖκα Σπαρτιᾶτιν εἵλετε;

ΤΕΥΚΡΟΣ

Μενέλαος αὐτὴν ἦγ᾽ ἐπισπάσας κόμης.

ἙΛΕΝΗ

εἶδες σὺ τὴν δύστηνον; ἢ κλύων λέγεις;

ΤΕΥΚΡΟΣ

ὥσπερ γε σέ, οὐδὲν ἧσσον, ὀφθαλμοῖς ὁρῶ.

ἙΛΕΝΗ

σκοπεῖτε μὴ δόκησιν εἴχετ᾽ ἐκ θεῶν.

ΤΕΥΚΡΟΣ

120 ἄλλου λόγου μέμνησο, μὴ κείνης ἔτι.

ἙΛΕΝΗ

οὕτω δοκεῖτε τὴν δόκησιν ἀσφαλῆ;

ΤΕΥΚΡΟΣ

αὐτὸς γὰρ ὄσσοις εἰδόμην; καὶ νοῦς ὁρᾷ.

ἙΛΕΝΗ

ἤδη δ᾽ ἐν οἴκοις σὺν δάμαρτι Μενέλεως;

ΤΕΥΚΡΟΣ

οὔκουν ἐν Ἄργει γ᾽ οὐδ᾽ ἐπ᾽ Εὐρώτα ῥοαῖς.

ἙΛΕΝΗ

125 αἰαῖ; κακὸν τόδ᾽ εἶπας οἷς κακὸν λέγεις.

ΤΕΥΚΡΟΣ

ὡς κεῖνος ἀφανὴς σὺν δάμαρτι κλῄζεται.

ἙΛΕΝΗ

οὐ πᾶσι πορθμὸς αὑτὸς Ἀργείοισιν ἦν;

ΤΕΥΚΡΟΣ

ἦν, ἀλλὰ χειμὼν ἄλλοσ᾽ ἄλλον ὥρισεν.

ἙΛΕΝΗ

ποίοισιν ἐν νώτοισι ποντίας ἁλός;

ΤΕΥΚΡΟΣ

130 μέσον περῶσι πέλαγος Αἰγαίου πόρου.

ἙΛΕΝΗ

κἀκ τοῦδε Μενέλαν οὔτις εἶδ᾽ ἀφιγμένον;

ΤΕΥΚΡΟΣ

οὐδείς; θανὼν δὲ κλῄζεται καθ᾽ Ἑλλάδα.

ἙΛΕΝΗ

ἀπωλόμεσθα; Θεστιὰς δ᾽ ἔστιν κόρη;

ΤΕΥΚΡΟΣ

Λήδαν ἔλεξας; οἴχεται θανοῦσα δή.

ἙΛΕΝΗ

135 οὔ πού νιν Ἑλένης αἰσχρὸν ὤλεσεν κλέος;

ΤΕΥΚΡΟΣ

φασίν, βρόχῳ γ᾽ ἅψασαν εὐγενῆ δέρην.

ἙΛΕΝΗ

οἱ Τυνδάρειοι δ᾽ εἰσὶν ἢ οὐκ εἰσὶν κόροι;

ΤΕΥΚΡΟΣ

τεθνᾶσι καὶ οὐ τεθνᾶσι; δύο δ᾽ ἐστὸν λόγω.

ἙΛΕΝΗ

πότερος ὁ κρείσσων; ὢ τάλαιν᾽ ἐγὼ κακῶν.

ΤΕΥΚΡΟΣ

140 ἄστροις σφ᾽ ὁμοιωθέντε φάσ᾽ εἶναι θεώ.

ἙΛΕΝΗ

καλῶς ἔλεξας τοῦτο; θάτερον δὲ τί;

ΤΕΥΚΡΟΣ

σφαγαῖς ἀδελφῆς οὕνεκ᾽ ἐκπνεῦσαι βίον.
ἅλις δὲ μύθων; οὐ διπλᾶ χρῄζω στένειν.

ὧν δ᾽ οὕνεκ᾽ ἦλθον τούσδε βασιλείους δόμους,
145 τὴν θεσπιῳδὸν Θεονόην χρῄζων ἰδεῖν,
σὺ προξένησον, ὡς τύχω μαντευμάτων
ὅπῃ νεὼς στείλαιμ᾽ ἂν οὔριον πτερὸν
ἐς γῆν ἐναλίαν Κύπρον, οὗ μ᾽ ἐθέσπισεν
οἰκεῖν Ἀπόλλων, ὄνομα νησιωτικὸν
150 Σαλαμῖνα θέμενον τῆς ἐκεῖ χάριν πάτρας.

ἙΛΕΝΗ

πλοῦς, ὦ ξέν᾽, αὐτὸς σημανεῖ; σὺ δ᾽ ἐκλιπὼν
γῆν τήνδε φεῦγε πρίν σε παῖδα Πρωτέως
ἰδεῖν, ὅς ἄρχει τῆσδε γῆς; ἄπεστι δὲ
κυσὶν πεποιθὼς ἐν φοναῖς θηροκτόνοις;
155 κτείνει γὰρ Ἕλλην᾽ ὅντιν᾽ ἂν λάβῃ ξένον.
ὅτου δ᾽ ἕκατι, μήτε σὺ ζήτει μαθεῖν
ἐγώ τε σιγῶ; τί γὰρ ἂν ὠφελοῖμί σε;

ΤΕΥΚΡΟΣ

καλῶς ἔλεξας, ὦ γύναι; θεοὶ δέ σοι
ἐσθλῶν ἀμοιβὰς ἀντιδωρησαίατο.
160 Ἑλένῃ δ᾽ ὅμοιον σῶμ᾽ ἔχουσ᾽ οὐ τὰς φρένας
ἔχεις ὁμοίας, ἀλλὰ διαφόρους πολύ.
κακῶς δ᾽ ὄλοιτο μηδ᾽ ἐπ᾽ Εὐρώτα ῥοὰς
ἔλθοι; σὺ δ᾽ εἴης εὐτυχὴς ἀεί, γύναι.

ἙΛΕΝΗ

ὤ, μεγάλων ἀχέων καταβαλλομένα μέγαν οἶκτον

165 ποῖον ἁμιλλαθῶ γόον; ἢ τίνα μοῦσαν ἐπέλθω

δάκρυσιν ἢ θρήνοις ἢ πένθεσιν; αἰαῖ.

ἙΛΕΝΗ

πτεροφόροι νεάνιδες,

παρθένοι Χθονὸς κόραι

Σειρῆνες, εἴθ᾽ ἐμοῖς γόοις

170 μόλοιτ᾽ ἔχουσαι Λίβυν

λωτὸν ἢ σύριγγας ἢ

φόρμιγγας, αἰλίνοις κακοῖς

τοῖς ἐμοῖσι σύνοχα δάκρυα;

πάθεσι πάθεα, μέλεσι μέλεα,

μουσεῖα θρηνήμα-

σι ξυνῳδὰ πέμψειε

175 Φερσέφασσα

φόνια, χάριτας ἵν᾽ ἐπὶ δάκρυσι

παρ᾽ ἐμέθεν ὑπὸ μέλαθρα νύχια

παιᾶνα

νέκυσιν ὀλομένοις λάβῃ.

ΧΟΡΟΣ

κυανοειδὲς ἀμφ᾽ ὕδωρ

180 ἔτυχον ἕλικά τ᾽ ἀνὰ χλόαν
φοίνικας ἁλίου πέπλους
αὐγαῖσιν ἐν χρυσέαις
ἀμφὶ δόνακος ἔρνεσιν
θάλπουσα; ποτνίας δ᾽ ἐμᾶς,
ἔνθεν οἰκτρὸν ἀνεβόασεν,
185 ὅμαδον ἔκλυον, ἄλυρον ἔλεγον,
ὅτι ποτ᾽ ἔλακεν αἰάγμα
σι στένουσα, Νύμφα τις
οἷα Ναΐς
ὄρεσι φυγάδα νόμον ἱεῖσα
γοερόν, ὑπὸ δὲ πέτρινα γύαλα
κλαγγαῖσι
190 Πανὸς ἀναβοᾷ γάμους.

ἙΛΕΝΗ

ἰὼ ἰώ;
θήραμα βαρβάρου πλάτας,
Ἑλλανίδες κόραι,
ναύτας Ἀχαιῶν
195 τις ἔμολεν ἔμολε δάκρυα δάκρυσί μοι φέρων.
Ἰλίου κατασκαφαὶ
πυρὶ μέλουσι δαΐῳ
δι᾽ ἐμὲ τὰν πολυκτόνον,

δι᾽ ἐμὸν ὄνομα πολύπονον.
200 Λήδα δ᾽ ἐν ἀγχόναις
θάνατον ἔλαβεν αἰσχύ-
νας ἐμᾶς ὕπ᾽ ἀλγέων.
ὁ δ᾽ ἐμὸς ἐν ἁλὶ πολυπλανὴς
πόσις ὀλόμενος οἴχεται,
205 κάστορός τε συγγόνου τε
διδυμογενὲς ἄγαλμα πατρίδος
ἀφανὲς ἀφανὲς ἱππόκροτα λέ-
λοιπε δάπεδα γυμνάσιά τε
210 δονακόεντος Εὐρώ-
τα, νεανιᾶν πόνον.

ΧΟΡΟΣ

αἰαῖ αἰαῖ;
ὦ δαίμονος πολυστόνου
μοίρας τε σᾶς, γύναι.
αἰὼν δυσαίων
τις ἔλαχεν ἔλαχεν, ὅτε σ᾽ ἐτέκετο ματρόθεν
215 χιονόχρως κύκνου πτερῷ
Ζεὺς πρέπων δι᾽ αἰθέρος;
τί γὰρ ἄπεστί σοι κακῶν;
τίνα δὲ βίοτον οὐκ ἔτλας;
μάτηρ μὲν οἴχεται,

220 δίδυμά τε Διὸς οὐκ εὐ-
δαιμονεῖ τέκεα φίλα,
χθόνα δὲ πάτριον οὐχ ὁρᾷς,
διὰ δὲ πόλεας ἔρχεται
βάξις, ἅ σε βαρβάροισι,
225 πότνια, παραδίδωσι λέχεσιν,
ὁ δὲ σὸς ἐν ἁλὶ κύμασί τε λέ-
λοιπε βίοτον, οὐδέ ποτ᾽ ἔτι
πάτρια μέλαθρα καὶ τὰν
Χαλκίοικον ὀλβιεῖς.

ἙΛΕΝΗ

φεῦ φεῦ, τίς ἢ Φρυγῶν
230 ἢ τίς Ἑλλανίας ἀπὸ χθονὸς
ἔτεμε τὰν δακρυόεσσαν
Ἰλίῳ πεύκαν;
ἔνθεν ὀλόμενον σκάφος
συναρμόσας ὁ Πριαμίδας
ἔπλευσε βαρβάρῳ πλάτᾳ
235 τὰν ἐμὰν ἐφ᾽ ἑστίαν,
ἐπὶ τὸ δυστυχέστατον
κάλλος, ὡς ἕλοι, γάμων
ἀμῶν; ἅ τε δόλιος
ἁ πολυκτόνος Κύπρις

Δαναΐδαις ἄγουσα θάνατον Πριαμίδαις,
240ὢ τάλαινα συμφορᾶς.
ἁ δὲ χρυσέοις θρόνοις
Διὸς ὑπαγκάλισμα σεμνὸν
Ἥρα τὸν ὠκύπουν
240 μψε Μαιάδος γόνον;
ὅς με χλοερὰ δρεπομέναν
245 ἔσω πέπλων ῥόδεα πέταλα,
Χαλκίοικον ὡς Ἀθάναν μόλοιμ᾽,
ἀναρπάσας δι᾽ αἰθέρος
τάνδε γαῖαν εἰς ἄνολβον
ἔριν ἔριν τάλαιναν ἔθετο
Πριαμίδαισιν Ἑλλάδος.
τὸ δ᾽ ἐμὸν ὄνομα
250 παρὰ Σιμουντίοις ῥοαῖσι
μαψίδιον ἔχει φάτιν.

ΧΟΡΟΣ

ἔχεις μὲν ἀλγείν᾽, οἶδα; σύμφορον δέ τοι
ὡς ῥᾷστα τἀναγκαῖα τοῦ βίου φέρειν.

ἙΛΕΝΗ

255 φίλαι γυναῖκες, τίνι πότμῳ συνεζύγην;
ἆρ᾽ ἡ τεκοῦσά μ᾽ ἔτεκεν ἀνθρώποις τέρας;

γυνὴ γὰρ οὔθ᾽ Ἑλληνὶς οὔτε βάρβαρος
τεῦχος νεοσσῶν λευκὸν ἐκλοχεύεται,
ἐν ᾧ με Λήδαν φασὶν ἐκ Διὸς τεκεῖν.
260 τέρας γὰρ ὁ βίος καὶ τὰ πράγματ᾽ ἐστί μου,
τὰ μὲν δι᾽ Ἥραν, τὰ δὲ τὸ κάλλος αἴτιον.
εἴθ᾽ ἐξαλειφθεῖσ᾽ ὡς ἄγαλμ᾽ αὖθις πάλιν
αἴσχιον εἶδος ἔλαβον ἀντὶ τοῦ καλοῦ,
καὶ τὰς τύχας μὲν τὰς κακὰς ἃς νῦν ἔχω
265 Ἕλληνες ἐπελάθοντο, τὰς δὲ μὴ κακὰς
ἔσῳζον ὥσπερ τὰς κακὰς σῴζουσί μου.

ὅστις μὲν οὖν ἐς μίαν ἀποβλέπων τύχην
πρὸς θεῶν κακοῦται, βαρὺ μέν, οἰστέον δ᾽ ὅμως;
ἡμεῖς δὲ πολλαῖς συμφοραῖς ἐγκείμεθα.
270 πρῶτον μὲν οὐκ οὖσ᾽ ἄδικος, εἰμὶ δυσκλεής;
καὶ τοῦτο μεῖζον τῆς ἀληθείας κακόν,
ὅστις τὰ μὴ προσόντα κέκτηται κακά.
ἔπειτα πατρίδος θεοί μ᾽ ἀφιδρύσαντο γῆς
ἐς βάρβαρ᾽ ἤθη, καὶ φίλων τητωμένη
275 δούλη καθέστηκ᾽ οὖσ᾽ ἐλευθέρων ἄπο;
τὰ βαρβάρων γὰρ δοῦλα πάντα πλὴν ἑνός.
ἄγκυρα δ᾽ ἥ μου τὰς τύχας ὤχει μόνη,
πόσιν ποθ᾽ ἥξειν καί μ᾽ ἀπαλλάξειν κακῶν —
280 οὗτος τέθνηκεν, οὗτος οὐκέτ᾽ ἔστι δή.

μήτηρ δ' ὄλωλε, καὶ φονεὺς αὐτῆς ἐγώ,
ἀδίκως μέν, ἀλλὰ τἄδικον τοῦτ' ἔστ' ἐμόν;
ὃ δ' ἀγλάισμα δωμάτων ἐμοῦ τ' ἔφυ,
θυγάτηρ ἄνανδρος πολιὰ παρθενεύεται;
τὼ τοῦ Διὸς δὲ λεγομένω Διοσκόρω
285 οὐκ ἐστόν. ἀλλὰ πάντ' ἔχουσα δυστυχῆ
τοῖς πράγμασιν τέθνηκα, τοῖς δ' ἔργοισιν οὔ.
τὸ δ' ἔσχατον τοῦτ', εἰ μόλοιμεν ἐς πάτραν,
κλῄθροις ἂν εἰργοίμεσθα — τὴν ὑπ' Ἰλίῳ
δοκοῦντες Ἑλένην Μενέλεώ μ' ἐλθεῖν μέτα.
290 εἰ μὲν γὰρ ἔζη πόσις, ἀνεγνώσθημεν ἂν
ἐλθόντες, ἃ φανέρ' ἦν μόνοις, ἐς ξύμβολα.
νῦν δ' οὔτε τοῦτ' ἔστ' οὔτε μὴ σωθῇ ποτε.
τί δῆτ' ἔτι ζῶ; τίν' ὑπολείπομαι τύχην;
γάμους ἑλομένη τῶν κακῶν ὑπαλλαγάς,
295 μετ' ἀνδρὸς οἰκεῖν βαρβάρου πρὸς πλουσίαν
τράπεζαν ἵζουσ'; ἀλλ' ὅταν πόσις πικρὸς
ξυνῇ γυναικί, καὶ τὸ σῶμ' ἐστιν πικρόν.
θανεῖν κράτιστον; πῶς θάνοιμ' ἂν οὐ καλῶς;
ἀσχήμονες μὲν ἀγχόναι μετάρσιοι,
300 κἀν τοῖσι δούλοις δυσπρεπὲς νομίζεται;
σφαγαὶ δ' ἔχουσιν εὐγενές τι καὶ καλόν,
σμικρὸν δ' ὁ καιρὸς σάρκ' ἀπαλλάξαι βίου.

ἐς γὰρ τοσοῦτον ἤλθομεν βάθος κακῶν;
αἱ μὲν γὰρ ἄλλαι διὰ τὸ κάλλος εὐτυχεῖς
305 γυναῖκες, ἡμᾶς δ᾽ αὐτὸ τοῦτ᾽ ἀπώλεσεν.

ΧΟΡΟΣ

Ἑλένη, τὸν ἐλθόνθ᾽, ὅστις ἐστὶν ὁ ξένος,
μὴ πάντ᾽ ἀληθῆ δοξάσῃς εἰρηκέναι.

ἙΛΕΝΗ

καὶ μὴν σαφῶς γ᾽ ἔλεξ᾽ ὀλωλέναι πόσιν.

ΧΟΡΟΣ

πόλλ᾽ ἂν γένοιτο καὶ διὰ ψευδῶν ἔπη.

ἙΛΕΝΗ

310 καὶ τἄμπαλίν γε τῶνδ᾽ ἀληθείᾳ σαφῆ.

ΧΟΡΟΣ

ἐς ξυμφορὰν γὰρ ἀντὶ τἀγαθοῦ φέρῃ.

ἙΛΕΝΗ

φόβος γὰρ ἐς τὸ δεῖμα περιβαλών μ᾽ ἄγει.

ΧΟΡΟΣ

πῶς δ᾽ εὐμενείας τοισίδ᾽ ἐν δόμοις ἔχεις;

ΈΛΕΝΗ

πάντες φίλοι μοι πλὴν ὁ θηρεύων γάμους.

ΧΟΡΟΣ

315 οἶσθ᾽ οὖν ὃ δρᾶσον; μνήματος λιποῦσ᾽ ἕδραν —

ΈΛΕΝΗ

ἐς ποῖον ἕρπεις μῦθον ἢ παραίνεσιν;

ΧΟΡΟΣ

ἐλθοῦσ᾽ ἐς οἴκους, ἣ τὰ πάντ᾽ ἐπίσταται,
τῆς ποντίας Νηρῇδος ἐκγόνου κόρης,
πυθοῦ πόσιν σὸν Θεονόης, εἴτ᾽ ἔστ᾽ ἔτι
320 εἴτ᾽ ἐκλέλοιπε φέγγος; ἐκμαθοῦσα δ᾽ εὖ
πρὸς τὰς τύχας τὸ χάρμα τοὺς γόους τ᾽ ἔχε.
πρὶν δ᾽ οὐδὲν ὀρθῶς εἰδέναι, τί σοι πλέον
λυπουμένῃ γένοιτ᾽ ἄν; ἀλλ᾽ ἐμοὶ πιθοῦ;
τάφον λιποῦσα τόνδε σύμμειξον κόρῃ;
325 ὅθενπερ εἴσῃ πάντα τἀληθῆ μαθεῖν
ἔχουσ᾽ ἐν οἴκοις τοῖσδε, τί βλέπεις πρόσω;
θέλω δὲ κἀγὼ σοὶ συνεισελθεῖν δόμους
καὶ συμπυθέσθαι παρθένου θεσπίσματα;
γυναῖκα γὰρ δὴ συμπονεῖν γυναικὶ χρή.

ἙΛΕΝΗ

330 φίλαι, λόγους ἐδεξάμαν;
βᾶτε βᾶτε δ᾽ ἐς δόμους,
ἀγῶνας ἐντὸς οἴκων
ὡς πύθησθε τοὺς ἐμούς.

ΧΟΡΟΣ

θέλουσαν οὐ μόλις καλεῖς.

ἙΛΕΝΗ

335 ἰὼ μέλεος ἁμέρα.
τίν᾽ ἄρα τάλαινα τίνα δακρυόεντα λόγον ἀκούσομαι;

ΧΟΡΟΣ

μὴ πρόμαντις ἀλγέων
προλάμβαν᾽, ὦ φίλα, γόους.

ἙΛΕΝΗ

340 τί μοι πόσις μέλεος ἔτλα;
πότερα δέρκεται φάος
τέθριππά θ᾽ ἁλίου κέλευθά τ᾽ ἀστέρων,
ἢ ‘ν νέκυσι κατὰ χθονὸς
345 τὰν χρόνιον ἔχει τύχαν;

ΧΟΡΟΣ

ἐς τὸ φέρτερον τίθει
τὸ μέλλον, ὅ τι γενήσεται.

ἙΛΕΝΗ

σὲ γὰρ ἐκάλεσα, σὲ δὲ κατόμοσα,
τὸν ὑδρόεντι δόνακι χλωρὸν
350 Εὐρώταν, θανόντος
εἰ βάξις ἔτυμος ἀνδρὸς
ἅδε μοι — τί τάδ᾽ ἀσύνετα; —
φόνιον αἰώρημα
διὰ δέρης ὀρέξομαι,
ἢ ξιφοκτόνον δίωγμα
355 λαιμορρύτου σφαγᾶς
αὐτοσίδαρον ἔσω πελάσω διὰ σαρκὸς ἅμιλλαν,
θῦμα τριζύγοις θεαῖσι
τῷ τε σήραγγας Ἰδαί
ας ἐνίζοντι Πριαμί
δᾳ ποτ᾽ ἀμφὶ βουστάθμους.

ΧΟΡΟΣ

360 ἄλλοσ᾽ ἀποτροπὰ κακῶν
γένοιτο, τὸ δὲ σὸν εὐτυχές.

ἙΛΕΝΗ

ἰὼ Τροία τάλαινα,
δι᾽ ἔργ᾽ ἄνεργ᾽ ὄλλυσαι
μέλεά τ᾽ ἔτλας; τὰ δ᾽ ἐμὰ δῶρα
Κύπριδος ἔτεκε πολὺ μὲν αἷμα,
365 πολὺ δὲ δάκρυον; ἄχεά τ᾽ ἄχεσι,
δάκρυα δάκρυσιν ἔλαβε, πάθεα ...
ματέρες τε παῖδας ὄλεσαν,
ἀπὸ δὲ παρθένοι κόμας
ἔθεντο σύγγονοι νεκρῶν Σκαμάνδριον
ἀμφὶ Φρύγιον οἶδμα.
370 βοὰν βοὰν δ᾽ Ἑλλὰς
κελάδησε κἀνοτότυξεν,
ἐπὶ δὲ κρατὶ χέρας ἔθηκεν,
ὄνυχι δ᾽ ἁπαλόχροα γένυν
δεῦσε φονίαισι πλαγαῖς.

375 ὦ μάκαρ Ἀρκαδίᾳ ποτὲ παρθένε Καλλιστοῖ, Διὸς
ἃ λεχέων ἐπέβας τετραβάμοσι γυίοις,
ὡς πολὺ ματρὸς ἐμᾶς ἔλαχες πλέον,
ἁ μορφᾷ θηρῶν λαχνογυίων —
ὄμματι λάβρῳ σχῆμα λεαίνης —
380 ἐξαλλάξασ᾽ ἄχθεα λύπης;
ἅν τέ ποτ᾽ Ἄρτεμις ἐξεχορεύσατο

χρυσοκέρατ᾽ ἔλαφον Μέροπος Τιτανίδα κούραν
καλλοσύνας ἕνεκεν; τὸ δ᾽ ἐμὸν δέμας
ὤλεσεν ὤλεσε πέργαμα Δαρδανίας
385 ὀλομένους τ᾽ Ἀχαιούς.

ΜΕΝΕΛΕΩΣ

ὦ τὰς τεθρίππους Οἰνομάῳ Πῖσαν κάτα
Πέλοψ ἁμίλλας ἐξαμιλληθείς ποτε,
εἴθ᾽ ὤφελες τόθ᾽, ἡνίκ᾽ ἔρανον εἰς θεοὺς
πεισθεὶς ἐποίεις, ἐν θεοῖς λιπεῖν βίον,
390 πρὶν τὸν ἐμὸν Ἀτρέα πατέρα γεννῆσαί ποτε,
ὃς ἐξέφυσεν Ἀερόπης λέκτρων ἄπο
Ἀγαμέμνον᾽ ἐμέ τε Μενέλεων, κλεινὸν ζυγόν;
πλεῖστον γὰρ οἶμαι — καὶ τόδ᾽ οὐ κόμπῳ λέγω —
στράτευμα κώπῃ διορίσαι Τροίαν ἔπι,
395 τύραννος οὐδὲν πρὸς βίαν στρατηλατῶν,
ἑκοῦσι δ᾽ ἄρξας Ἑλλάδος νεανίαις.
καὶ τοὺς μὲν οὐκέτ᾽ ὄντας ἀριθμῆσαι πάρα,
τοὺς δ᾽ ἐκ θαλάσσης ἀσμένους πεφευγότας,
νεκρῶν φέροντας ὀνόματ᾽ εἰς οἴκους πάλιν.
400 ἐγὼ δ᾽ ἐπ᾽ οἶδμα πόντιον γλαυκῆς ἁλὸς
τλήμων ἀλῶμαι χρόνον ὅσονπερ Ἰλίου
πύργους ἔπερσα, κἀς πάτραν χρῄζων μολεῖν
οὐκ ἀξιοῦμαι τοῦδε πρὸς θεῶν τυχεῖν.

Λιβύης τ᾽ ἐρήμους ἀξένους τ᾽ ἐπιδρομὰς
405 πέπλευκα πάσας; χὤταν ἐγγὺς ὦ πάτρας,
πάλιν μ᾽ ἀπωθεῖ πνεῦμα, κοὔποτ᾽ οὔριον
ἐσῆλθε λαῖφος ὥστε μ᾽ ἐς πάτραν μολεῖν.

καὶ νῦν τάλας ναυαγὸς ἀπολέσας φίλους
ἐξέπεσον ἐς γῆν τήνδε; ναῦς δὲ πρὸς πέτρας
410 πολλοὺς ἀριθμοὺς ἄγνυται ναυαγίων.
τρόπις δ᾽ ἐλείφθη ποικίλων ἁρμοσμάτων,
ἐφ᾽ ἧς ἐσώθην μόλις ἀνελπίστῳ τύχῃ
Ἑλένη τε, Τροίας ἣν ἀποσπάσας ἔχω.
ὄνομα δὲ χώρας ἥτις ἥδε καὶ λεὼς
415 οὐκ οἶδα; ὄχλον γὰρ ἐσπεσεῖν ᾐσχυνόμην
ὥσθ᾽ ἱστορῆσαι, τὰς ἐμὰς δυσχλαινίας
κρύπτων ὑπ᾽ αἰδοῦς τῆς τύχης. ὅταν δ᾽ ἀνὴρ
πράξῃ κακῶς ὑψηλός, εἰς ἀηθίαν
πίπτει κακίω τοῦ πάλαι δυσδαίμονος.
420 χρεία δὲ τείρει μ᾽; οὔτε γὰρ σῖτος πάρα
οὔτ᾽ ἀμφὶ χρῶτ᾽ ἐσθῆτες; αὐτὰ δ᾽ εἰκάσαι
πάρεστι ναὸς ἐκβόλοις ἃ ἀμπίσχομαι.
πέπλους δὲ τοὺς πρὶν λαμπρά τ᾽ ἀμφιβλήματα
χλιδάς τε πόντος ἥρπασ᾽; ἐν δ᾽ ἄντρου μυχοῖς
425 κρύψας γυναῖκα τὴν κακῶν πάντων ἐμοὶ
ἄρξασαν ἥκω τούς τε περιλελειμμένους

φίλων φυλάσσειν τἄμ᾽ ἀναγκάσας λέχη.
μόνος δὲ νοστῶ, τοῖς ἐκεῖ ζητῶν φίλοις
τὰ πρόσφορ᾽ ἤν πως ἐξερευνήσας λάβω.
430 ἰδὼν δὲ δῶμα περιφερὲς θριγκοῖς τόδε
πύλας τε σεμνὰς ἀνδρὸς ὀλβίου τινός,
προσῆλθον; ἐλπὶς δ᾽ ἔκ γε πλουσίων δόμων
λαβεῖν τι ναύταις; ἐκ δὲ μὴ ἐχόντων βίον —
435 οὐδ᾽ εἰ θέλοιεν, ὠφελεῖν ἔχοιεν ἄν.

ὠή; τίς ἂν πυλωρὸς ἐκ δόμων μόλοι,
ὅστις διαγγείλειε τἄμ᾽ ἔσω κακά;

ΓΡΑΥΣ

τίς πρὸς πύλαισιν; οὐκ ἀπαλλάξῃ δόμων
καὶ μὴ πρὸς αὐλείοισιν ἑστηκὼς πύλαις
ὄχλον παρέξεις δεσπόταις; ἢ κατθανῇ
440 Ἕλλην πεφυκώς, οἷσιν οὐκ ἐπιστροφαί.

ΜΕΝΕΛΕΩΣ

ὦ γραῖα, ταὐτὰ ταῦτ᾽ ἔπη κἄλλως λέγειν
ἔξεστι, πείσομαι γάρ; ἀλλ᾽ ἄνες λόγον.

ΓΡΑΥΣ

ἄπελθ᾽; ἐμοὶ γὰρ τοῦτο πρόσκειται, ξένε,
μηδένα πελάζειν τοισίδ᾽ Ἑλλήνων δόμοις.

ΜΕΝΕΛΕΩΣ

445 ἆ; μὴ προσείλει χεῖρα μηδ᾽ ὤθει βίᾳ.

ΓΡΑΥΣ

πείθῃ γὰρ οὐδὲν ὧν λέγω, σὺ δ᾽ αἴτιος.

ΜΕΝΕΛΕΩΣ

ἄγγειλον εἴσω δεσπόταισι τοῖσι σοῖς ...

ΓΡΑΥΣ

πικρῶς ἄρ᾽ οἶμαί γ᾽ ἀγγελεῖν τοὺς σοὺς λόγους.

ΜΕΝΕΛΕΩΣ

ναυαγὸς ἥκω ξένος, ἀσύλητον γένος.

ΓΡΑΥΣ

450 οἶκον πρὸς ἄλλον νύν τιν᾽ ἀντὶ τοῦδ᾽ ἴθι.

ΜΕΝΕΛΕΩΣ

οὔκ, ἀλλ᾽ ἔσω πάρειμι; καὶ σύ μοι πιθοῦ.

ΓΡΑΥΣ

ὀχληρὸς ἴσθ᾽ ὤν; καὶ τάχ᾽ ὠσθήσῃ βίᾳ.

ΜΕΝΕΛΕΩΣ

αἰαῖ; τὰ κλεινὰ ποῦ 'στί μοι στρατεύματα;

ΓΡΑΥΣ

οὐκοῦν ἐκεῖ που σεμνὸς ἦσθ', οὐκ ἐνθάδε.

ΜΕΝΕΛΕΩΣ

455 ὦ δαῖμον, ὡς ἀνάξι' ἠτιμώμεθα.

ΓΡΑΥΣ

τί βλέφαρα τέγγεις δάκρυσι; πρὸς τίν' οἰκτρὸς εἶ;

ΜΕΝΕΛΕΩΣ

πρὸς τὰς πάροιθεν συμφορὰς εὐδαίμονας.

ΓΡΑΥΣ

οὔκουν ἀπελθὼν δάκρυα σοῖς δώσεις φίλοις;

ΜΕΝΕΛΕΩΣ

τίς δ' ἥδε χώρα; τοῦ δὲ βασίλειοι δόμοι;

ΓΡΑΥΣ

460 Πρωτεὺς τάδ' οἰκεῖ δώματ', Αἴγυπτος δὲ γῆ.

ΜΕΝΕΛΕΩΣ

Αἴγυπτος; ὢ δύστηνος, οἷ πέπλευκ᾽ ἄρα.

ΓΡΑΥΣ

τί δὴ τὸ Νείλου μεμπτόν ἐστί σοι γάνος;

ΜΕΝΕΛΕΩΣ

οὐ τοῦτ᾽ ἐμέμφθην; τὰς ἐμὰς στένω τύχας.

ΓΡΑΥΣ

πολλοὶ κακῶς πράσσουσιν, οὐ σὺ δὴ μόνος.

ΜΕΝΕΛΕΩΣ

465 ἔστ᾽ οὖν ἐν οἴκοις ὅντιν᾽ ὀνομάζεις ἄναξ;

ΓΡΑΥΣ

τόδ᾽ ἐστὶν αὐτοῦ μνῆμα, παῖς δ᾽ ἄρχει χθονός.

ΜΕΝΕΛΕΩΣ

ποῦ δῆτ᾽ ἂν εἴη; πότερον ἐκτὸς ἢ ‘ν δόμοις;

ΓΡΑΥΣ

οὐκ ἔνδον;Ἕλλησιν δὲ πολεμιώτατος.

ΜΕΝΕΛΕΩΣ

τίν᾽ αἰτίαν σχὼν ἧς ἐπηυρόμην ἐγώ;

ΓΡΑΥΣ

470 Ἑλένη κατ᾽ οἴκους ἐστὶ τούσδ᾽ ἡ τοῦ Διός.

ΜΕΝΕΛΕΩΣ

πῶς φῄς; τίν᾽ εἶπας μῦθον; αὖθίς μοι φράσον.

ΓΡΑΥΣ

ἡ Τυνδαρὶς παῖς, ἣ κατὰ Σπάρτην ποτ᾽ ἦν.

ΜΕΝΕΛΕΩΣ

πόθεν μολοῦσα; τίνα τὸ πρᾶγμ᾽ ἔχει λόγον;

ΓΡΑΥΣ

Λακεδαίμονος γῆς δεῦρο νοστήσασ᾽ ἄπο.

ΜΕΝΕΛΕΩΣ

475 πότε; οὔ τί που λελῄσμεθ᾽ ἐξ ἄντρων λέχος;

ΓΡΑΥΣ

πρὶν τοὺς Ἀχαιούς, ὦ ξέν᾽, ἐς Τροίαν μολεῖν.
ἀλλ᾽ ἕρπ᾽ ἀπ᾽ οἴκων; ἔστι γάρ τις ἐν δόμοις

τύχη, τύραννος ᾗ ταράσσεται δόμος.
καιρὸν γὰρ οὐδέν' ἦλθες; ἢν δὲ δεσπότης
480 λάβῃ σε, θάνατος ξένιά σοι γενήσεται.
εὔνους γάρ εἰμ' Ἕλλησιν, οὐχ ὅσον πικροὺς
λόγους ἔδωκα δεσπότην φοβουμένη.

ΜΕΝΕΛΕΩΣ

τί φῶ; τί λέξω; συμφορὰς γὰρ ἀθλίας
ἐκ τῶν πάροιθεν τὰς παρεστώσας κλύω,
485 εἰ τὴν μὲν αἱρεθεῖσαν ἐκ Τροίας ἄγων
ἥκω δάμαρτα καὶ κατ' ἄντρα σῴζεται,
ὄνομα δὲ ταὐτὸν τῆς ἐμῆς ἔχουσά τις
δάμαρτος ἄλλη τοισίδ' ἐνναίει δόμοις.
Διὸς δ' ἔλεξε παῖδά νιν πεφυκέναι.
490 ἀλλ' ἦ τις ἔστι Ζηνὸς ὄνομ' ἔχων ἀνὴρ
Νείλου παρ' ὄχθας; εἷς γὰρ ὅ γε κατ' οὐρανόν.
Σπάρτη δὲ ποῦ γῆς ἐστι πλὴν ἵνα ῥοαὶ
τοῦ καλλιδόνακός εἰσιν Εὐρώτα μόνον;
ἁπλοῦν δὲ Τυνδάρειον ὄνομα κλῄζεται.
495 Λακεδαίμονος δὲ γαῖα τίς ξυνώνυμος
Τροίας τε; ἐγὼ μὲν οὐκ ἔχω τί χρὴ λέγειν.
πολλοὶ γάρ, ὡς εἴξασιν, ἐν πολλῇ χθονὶ
ὀνόματα ταὔτ' ἔχουσι καὶ πόλις πόλει
γυνή γυναικί τ'; οὐδὲν οὖν θαυμαστέον.

500 οὐδ᾽ αὖ τὸ δεινὸν προσπόλου φευξούμεθα;
ἀνὴρ γὰρ οὐδεὶς ὧδε βάρβαρος φρένας,
ὃς ὄνομ᾽ ἀκούσας τοὐμὸν οὐ δώσει βοράν.
κλεινὸν τὸ Τροίας πῦρ ἐγώ θ᾽ ὃς ἧψά νιν,
Μενέλαος, οὐκ ἄγνωστος ἐν πάσῃ χθονί.
505 δόμων ἄνακτα προσμενῶ; δισσὰς δέ μοι
ἔχει φυλάξεις; ἢν μὲν ὠμόφρων τις ᾖ,
κρύψας ἐμαυτὸν εἶμι πρὸς ναυάγια;
ἢν δ᾽ ἐνδιδῷ τι μαλθακόν, τὰ πρόσφορα
τῆς νῦν παρούσης συμφορᾶς αἰτήσομαι.
510 κακῶν μὲν ἡμῖν ἔσχατον τοῖς ἀθλίοις,
ἄλλους τυράννους αὐτὸν ὄντα βασιλέα
βίον προσαιτεῖν; ἀλλ᾽ ἀναγκαίως ἔχει.
λόγος γάρ ἐστιν οὐκ ἐμός, σοφὸν δ᾽ ἔπος,
δεινῆς ἀνάγκης οὐδὲν ἰσχύειν πλέον.

ΧΟΡΟΣ

515 ἤκουσα τᾶς θεσπιῳδοῦ κόρας,
ἃ χρῄζουσ᾽ ἐφάνη τυράννοις
δόμοις, ὡς Μενέλαος οὔ
πω μελαμφαὲς οἴχεται
δι᾽ ἔρεβος χθονὶ κρυφθείς,
520 ἀλλ᾽ ἔτι κατ᾽ οἶδμ᾽ ἅλιον
τρυχόμενος οὔπω λιμένων

ψαύσειεν πατρίας γᾶς,
ἀλατείᾳ βιότου
ταλαίφρων, ἄφιλος φίλων,
525 παντοδαπᾶς † ἐπὶ γᾶς † πόδα
χριμπτόμενος εἰναλίῳ
κώπᾳ Τρῳάδος ἐκ γᾶς.

ἙΛΕΝΗ

ἥδ᾽ αὖ τάφου τοῦδ᾽ εἰς ἕδρας ἐγὼ πάλιν
στείχω, μαθοῦσα Θεονόης φίλους λόγους,
530 ἣ πάντ᾽ ἀληθῶς οἶδε; φησὶ δ᾽ ἐν φάει
πόσιν τὸν ἁμὸν ζῶντα φέγγος εἰσορᾶν,
πορθμοὺς δ᾽ ἀλᾶσθαι μυρίους πεπλωκότα
ἐκεῖσε κἀκεῖσ᾽ οὐδ᾽ ἀγύμναστον πλάνοις,
ἥξειν δ᾽ ὅταν δὴ πημάτων λάβῃ τέλος.
535 ἓν δ᾽ οὐκ ἔλεξεν, εἰ μολὼν σωθήσεται.
ἐγὼ δ᾽ ἀπέστην τοῦτ᾽ ἐρωτῆσαι σαφῶς,
ἡσθεῖσ᾽ ἐπεί νιν εἶπέ μοι σεσῳσμένον.
ἐγγὺς δέ νίν που τῆσδ᾽ ἔφασκ᾽ εἶναι χθονός,
ναυαγὸν ἐκπεσόντα σὺν παύροις φίλοις.
540 ὤμοι, πόθ᾽ ἥξεις; ὡς ποθεινὸς ἂν μόλοις.
ἔα, τίς οὗτος; οὔ τί που κρυπτεύομαι
Πρωτέως ἀσέπτου παιδὸς ἐκ βουλευμάτων;
οὐχ ὡς δρομαία πῶλος ἢ Βάκχη θεοῦ

τάφῳ ξυνάψω κῶλον; ἄγριος δέ τις
545 μορφὴν ὅδ᾽ ἐστίν, ὅς με θηρᾶται λαβεῖν.

ΜΕΝΕΛΕΩΣ

σὲ τὴν ὄρεγμα δεινὸν ἡμιλλημένην
τύμβου ‘πὶ κρηπῖδ᾽ ἐμπύρους τ᾽ ὀρθοστάτας,
μεῖνον; τί φεύγεις; ὡς δέμας δείξασα σὸν
ἔκπληξιν ἡμῖν ἀφασίαν τε προστίθης.

ἙΛΕΝΗ

550 ἀδικούμεθ᾽, ὦ γυναῖκες; εἰργόμεσθα γὰρ
τάφου πρὸς ἀνδρὸς τοῦδε, καί μ᾽ ἑλὼν θέλει
δοῦναι τυράννοις ὧν ἐφεύγομεν γάμους.

ΜΕΝΕΛΕΩΣ

οὐ κλῶπές ἐσμεν, οὐχ ὑπηρέται κακῶν.

ἙΛΕΝΗ

καὶ μὴν στολήν γ᾽ ἄμορφον ἀμφὶ σῶμ᾽ ἔχεις.

ΜΕΝΕΛΕΩΣ

555 στῆσον, φόβου μεθεῖσα, λαιψηρὸν πόδα.

ἙΛΕΝΗ

ἵστημ᾽, ἐπεί γε τοῦδ᾽ ἐφάπτομαι τόπου.

ΜΕΝΕΛΕΩΣ

τίς εἶ; τίν᾽ ὄψιν σήν, γύναι, προσδέρκομαι;

ἙΛΕΝΗ

σὺ δ᾽ εἶ τίς; αὑτὸς γὰρ σὲ κἄμ᾽ ἔχει λόγος.

ΜΕΝΕΛΕΩΣ

οὐπώποτ᾽ εἶδον προσφερέστερον δέμας.

ἙΛΕΝΗ

560 ὦ θεοί; θεὸς γὰρ καὶ τὸ γιγνώσκειν φίλους.

ΜΕΝΕΛΕΩΣ

Ἑλληνὶς εἶ τις ἢ ἐπιχωρία γυνή;

ἙΛΕΝΗ

Ἑλληνίς; ἀλλὰ καὶ τὸ σὸν θέλω μαθεῖν.

ΜΕΝΕΛΕΩΣ

Ἑλένῃ σ᾽ ὁμοίαν δὴ μάλιστ᾽ εἶδον, γύναι.

ἙΛΕΝΗ

ἐγὼ δὲ Μενέλεῴ γε σέ; οὐδ᾽ ἔχω τί φῶ.

ΜΕΝΕΛΕΩΣ

565 ἔγνως γὰρ ὀρθῶς ἄνδρα δυστυχέστατον.

ἙΛΕΝΗ

ὦ χρόνιος ἐλθὼν σῆς δάμαρτος ἐς χέρας.

ΜΕΝΕΛΕΩΣ

ποίας δάμαρτος; μὴ θίγῃς ἐμῶν πέπλων.

ἙΛΕΝΗ

ἥν σοι δίδωσι Τυνδάρεως, ἐμὸς πατήρ.

ΜΕΝΕΛΕΩΣ

ὦ φωσφόρ᾽ Ἑκάτη, πέμπε φάσματ᾽ εὐμενῆ.

ἙΛΕΝΗ

570 οὐ νυκτίφαντον πρόπολον Ἐνοδίας μ᾽ ὁρᾷς.

ΜΕΝΕΛΕΩΣ

οὐ μὴν γυναικῶν γ᾽ εἷς δυοῖν ἔφυν πόσις.

ἙΛΕΝΗ

ποίων δὲ λέκτρων δεσπότης ἄλλων ἔφυς;

ΜΕΝΕΛΕΩΣ

ἣν ἄντρα κεύθει κἀκ Φρυγῶν κομίζομαι.

ἙΛΕΝΗ

οὐκ ἔστιν ἄλλη σή τις ἀντ᾽ ἐμοῦ γυνή.

ΜΕΝΕΛΕΩΣ

575 οὔ που φρονῶ μὲν εὖ, τὸ δ᾽ ὄμμα μου νοσεῖ;

ἙΛΕΝΗ

οὐ γάρ με λεύσσων σὴν δάμαρθ᾽ ὁρᾶν δοκεῖς;

ΜΕΝΕΛΕΩΣ

τὸ σῶμ᾽ ὅμοιον, τὸ δὲ σαφές μ᾽ ἀποστερεῖ.

ἙΛΕΝΗ

σκέψαι; τί σοὐνδεῖ; τίς δὲ σοῦ σοφώτερος;

ΜΕΝΕΛΕΩΣ

ἔοικας; οὔτοι τοῦτό γ᾽ ἐξαρνήσομαι.

ἙΛΕΝΗ

580 τίς οὖν διδάξει σ᾽ ἄλλος ἢ τὰ σ᾽ ὄμματα;

ΜΕΝΕΛΕΩΣ

ἐκεῖ νοσοῦμεν, ὅτι δάμαρτ᾽ ἄλλην ἔχω.

ἙΛΕΝΗ

οὐκ ἦλθον ἐς γῆν Τρῳάδ᾽, ἀλλ᾽ εἴδωλον ἦν.

ΜΕΝΕΛΕΩΣ

καὶ τίς βλέποντα σώματ᾽ ἐξεργάζεται;

ἙΛΕΝΗ

αἰθήρ, ὅθεν σὺ θεοπόνητ᾽ ἔχεις λέχη.

ΜΕΝΕΛΕΩΣ

585 τίνος πλάσαντος θεῶν; ἄελπτα γὰρ λέγεις.

ἙΛΕΝΗ

Ἥρας, διάλλαγμ᾽, ὡς Πάρις με μὴ λάβοι.

ΜΕΝΕΛΕΩΣ

πῶς οὖν ἂν ἐνθάδ᾽ ἦσθά τ᾽ ἐν Τροίᾳ θ᾽ ἅμα;

ἙΛΕΝΗ

τοὔνομα γένοιτ᾽ ἂν πολλαχοῦ, τὸ σῶμα δ᾽ οὔ.

ΜΕΝΕΛΕΩΣ

μέθες με, λύπης ἅλις ἔχων ἐλήλυθα.

ἙΛΕΝΗ

590 λείψεις γὰρ ἡμᾶς, τὰ δὲ κέν᾽ ἐξάξεις λέχη;

ΜΕΝΕΛΕΩΣ

καὶ χαῖρέ γ᾽, Ἑλένῃ προσφερὴς ὁθούνεκ᾽ εἶ.

ἙΛΕΝΗ

ἀπωλόμην; λαβοῦσά σ᾽ οὐχ ἕξω πόσιν.

ΜΕΝΕΛΕΩΣ

τοὐκεῖ με μέγεθος τῶν πόνων πείθει, σὺ δ᾽ οὔ.

ἙΛΕΝΗ

οἲ ἐγώ; τίς ἡμῶν ἐγένετ᾽ ἀθλιωτέρα;
595 οἱ φίλτατοι λείπουσί μ᾽ οὐδ᾽ ἀφίξομαι
Ἕλληνας οὐδὲ πατρίδα τὴν ἐμήν ποτε.

ἌΓΓΕΛΟΣ

Μενέλαε, μαστεύων σε κιγχάνω μόλις
πᾶσαν πλανηθεὶς τήνδε βάρβαρον χθόνα,
πεμφθεὶς ἑταίρων τῶν λελειμμένων ὕπο.

ΜΕΝΕΛΕΩΣ

600 τί δ᾽ ἔστιν; οὔ που βαρβάρων συλᾶσθ᾽ ὕπο;

ἌΓΓΕΛΟΣ

θαῦμ᾽ ἔστ᾽, ἔλασσον τοὔνομ᾽ ἢ τὸ πρᾶγμ᾽ ἔχον.

ΜΕΝΕΛΕΩΣ

λέγ᾽; ὡς φέρεις τι τῆδε τῇ σπουδῇ νέον.

ἌΓΓΕΛΟΣ

λέγω πόνους σε μυρίους τλῆναι μάτην.

ΜΕΝΕΛΕΩΣ

παλαιὰ θρηνεῖς πήματ᾽; ἀγγέλλεις δὲ τί;

ἌΓΓΕΛΟΣ

605 βέβηκεν ἄλοχος σὴ πρὸς αἰθέρος πτυχὰς
ἀρθεῖσ᾽ ἄφαντος; οὐρανῷ δὲ κρύπτεται
λιποῦσα σεμνὸν ἄντρον οὗ σφ᾽ ἐσῴζομεν,
τοσόνδε λέξασ᾽; ὦ ταλαίπωροι Φρύγες
πάντες τ᾽ Ἀχαιοί, δι᾽ ἔμ᾽ ἐπὶ Σκαμανδρίοις
610 ἀκταῖσιν Ἥρας μηχαναῖς ἐθνῄσκετε,
δοκοῦντες Ἑλένην οὐκ ἔχοντ᾽ ἔχειν Πάριν.
ἐγὼ δ᾽, ἐπειδὴ χρόνον ἔμειν᾽ ὅσον με χρῆν,
τὸ μόρσιμον σῴσασα, πατέρ᾽ ἐς οὐρανὸν

ἄπειμι; φήμας δ᾽ ἡ τάλαινα Τυνδαρὶς
615 ἄλλως κακὰς ἤκουσεν οὐδὲν αἰτία.

ὦ χαῖρε, Λήδας θύγατερ, ἐνθάδ᾽ ἦσθ᾽ ἄρα;
ἐγὼ δέ σ᾽ ἄστρων ὡς βεβηκυῖαν μυχοὺς
ἤγγελλον εἰδὼς οὐδὲν ὡς ὑπόπτερον
δέμας φοροίης. οὐκ ἐῶ σε κερτομεῖν
620 ἡμᾶς τόδ᾽ αὖθις, ὡς ἄδην ἐν Ἰλίῳ
πόνους παρεῖχες σῷ πόσει καὶ συμμάχοις.

ΜΕΝΕΛΕΩΣ

τοῦτ᾽ ἔστ᾽ ἐκεῖνο; ξυμβεβᾶσιν οἱ λόγοι
οἱ τῆσδ᾽ ἀληθεῖς. ὦ ποθεινὸς ἡμέρα,
ἥ σ᾽ εἰς ἐμὰς ἔδωκεν ὠλένας λαβεῖν.

ἙΛΕΝΗ

625 ὦ φίλτατ᾽ ἀνδρῶν Μενέλεως, ὁ μὲν χρόνος
παλαιός, ἡ δὲ τέρψις ἀρτίως πάρα.
ἔλαβον ἀσμένα πόσιν ἐμόν, φίλαι,
περί τ᾽ ἐπέτασα χέρα
φίλιον ἐν μακρᾷ φλογὶ φαεσφόρῳ.

ΜΕΝΕΛΕΩΣ

630 κἀγὼ σέ; πολλοὺς δ᾽ ἐν μέσῳ λόγους ἔχων
οὐκ οἶδ᾽ ὁποίου πρῶτον ἄρξωμαι τὰ νῦν.

ἙΛΕΝΗ

γέγηθα, κρατὶ δ᾽ ὀρθίους ἐθείρας
ἀνεπτέρωκα καὶ δάκρυ σταλάσσω,
περὶ δὲ γυῖα χέρας ἔβαλον, ἡδονάν,
635 ὦ πόσις, ὡς λάβω.

ΜΕΝΕΛΕΩΣ

ὦ φιλτάτη πρόσοψις, οὐκ ἐμέμφθην;
ἔχω τὰ τῆς Διός τε λέκτρα Λήδας θ᾽,
ἅν ὑπὸ λαμπάδων κόροι λεύκιπποι
640 ξυνομαίμονες ὤλβισαν ὤλβισαν
τὸ πρόσθεν, ἐκ δόμων δὲ νοσφίσας σ᾽ ἐμοῦ
πρὸς ἄλλαν ἐλαύνει
θεὸς συμφορὰν τᾶσδε κρείσσω.
τὸ κακὸν δ᾽ ἀγαθὸν σέ τε κἀμὲ συνάγαγε, πόσιν
645 χρόνιον, ἀλλ᾽ ὅμως ὀναίμαν τύχας.

ΧΟΡΟΣ

ὄναιο δῆτα. ταὐτὰ δὴ ξυνεύχομαι;
δυοῖν γὰρ ὄντοιν οὐχ ὃ μὲν τλήμων, ὃ δ᾽ οὔ.

ἙΛΕΝΗ

φίλαι φίλαι, τὰ πάρος οὐκέτι
στένομεν οὐδ᾽ ἀλγῶ.

650 πόσιν ἐμὸν ἔχομεν ἔχομεν, ὃν ἔμενον
ἔμενον ἐκ Τροίας πολυετῆ μολεῖν.

ΜΕΝΕΛΕΩΣ

ἔχεις, ἐγώ τε σέ; ἡλίους δὲ μυρίους
μόλις διελθὼν ᾐσθόμην τὰ τῆς θεοῦ.
ἐμὰ δὲ χαρμονὰ δάκρυα; πλέον ἔχει
655 χάριτος ἢ λύπας.

ἙΛΕΝΗ

τί φῶ; τίς ἂν τάδ᾽ ἤλπισεν βροτῶν ποτε;
ἀδόκητον ἔχω σε πρὸς στέρνοις.

ΜΕΝΕΛΕΩΣ

κἀγὼ σὲ τὴν δοκοῦσαν Ἰδαίαν πόλιν
μολεῖν Ἰλίου τε μελέους πύργους.
660 πρὸς θεῶν, δόμων πῶς τῶν ἐμῶν ἀπεστάλης;

ἙΛΕΝΗ

ἓ ἕ; πικρὰς ἐς ἀρχὰς βαίνεις,
ἓ ἕ; πικρὰν δ᾽ ἐρευνᾷς φάτιν.

ΜΕΝΕΛΕΩΣ

λέγ᾽; ὡς ἀκουστὰ πάντα δῶρα δαιμόνων.

ἙΛΕΝΗ

ἀπέπτυσα μὲν λόγον, οἷον οἷον ἐσοίσομαι.

ΜΕΝΕΛΕΩΣ

665 ὅμως δὲ λέξον; ἡδύ τοι μόχθων κλύειν.

ἙΛΕΝΗ

οὐκ ἐπὶ βαρβάρου λέκτρα νεανία
πετομένας κώπας,
πετομένου δ᾽ ἔρωτος ἀδίκων γάμων ...

ΜΕΝΕΛΕΩΣ

τίς γάρ σε δαίμων ἢ πότμος συλᾷ πάτρας;

ἙΛΕΝΗ

670 ὁ Διὸς ὁ Διός, ὦ πόσι, παῖς μ᾽ ...
ἐπέλασεν Νείλῳ.

ΜΕΝΕΛΕΩΣ

θαυμαστά; τοῦ πέμψαντος; ὦ δεινοὶ λόγοι.

ἙΛΕΝΗ

κατεδάκρυσα καὶ βλέφαρον ὑγραίνω
δάκρυσιν; ἁ Διός μ᾽ ἄλοχος ὤλεσεν.

ΜΕΝΕΛΕΩΣ

675 Ἥρα; τί νῷν χρῄζουσα προσθεῖναι κακόν;

ἙΛΕΝΗ

ὤμοι ἐμῶν δεινῶν, λουτρῶν καὶ κρηνῶν,
ἵνα θεαὶ μορφὰν
ἐφαίδρυναν, ἔνθεν ἔμολεν κρίσις.

ΜΕΝΕΛΕΩΣ

τὰ δ᾽ ἐς κρίσιν σοι τῶνδ᾽ ἔθηχ᾽Ἥρα κακῶν — ;

ἙΛΕΝΗ

680 Πάριν ὡς ἀφέλοιτο —

ΜΕΝΕΛΕΩΣ

πῶς; αὔδα.

ἙΛΕΝΗ

Κύπρις ᾧ μ᾽ ἐπένευσεν —

ΜΕΝΕΛΕΩΣ

ὢ τλᾶμον.

ἙΛΕΝΗ

τλάμων, τλάμων; ὧδ᾽ ἐπέλασ᾽ Αἰγύπτῳ.

ΜΕΝΕΛΕΩΣ

εἶτ᾽ ἀντέδωκ᾽ εἴδωλον, ὡς σέθεν κλύω.

ἙΛΕΝΗ

τὰ δὲ σὰ κατὰ μέλαθρα πάθεα πάθεα, μᾶ-

685 τερ, οἲ ᾽γώ.

ΜΕΝΕΛΕΩΣ

τί φῄς;

ἙΛΕΝΗ

οὐκ ἔστι μάτηρ· ἀγχόνιον δὲ βρόχον

δι᾽ ἐμὰν κατεδήσατο δυσγάμου αἰσχύναν.

ΜΕΝΕΛΕΩΣ

ὤμοι· θυγατρὸς δ᾽ Ἑρμιόνης ἔστιν βίος;

ἙΛΕΝΗ

ἄγαμος ἄτεκνος, ὦ πόσι, καταστένει

690 γάμον ἄγαμον ἐμόν.

ΜΕΝΕΛΕΩΣ

ὦ πᾶν κατ᾽ ἄκρας δῶμ᾽ ἐμὸν πέρσας Πάρις,

τάδε καὶ σὲ διώλεσε μυριάδας τε

χαλκεόπλων Δαναῶν.

ἙΛΕΝΗ

ἐμὲ δὲ πατρίδος ἄπο κακόποτμον ἀραίαν
695 ἔβαλε θεὸς ἀπό τε πόλεος ἀπό τε σέθεν,
ὅτε μέλαθρα λέχεά τ᾽ ἔλιπον — οὐ λιποῦσ᾽
ἐπ᾽ αἰσχροῖς γάμοις.

ΧΟΡΟΣ

εἰ καὶ τὰ λοιπὰ τῆς τύχης εὐδαίμονος
τύχοιτε, πρὸς τὰ πρόσθεν ἀρκέσειεν ἄν.

ἌΓΓΕΛΟΣ

700 Μενέλαε, κἀμοὶ πρόσδοτον τῆς ἡδονῆς,
ἣν μανθάνω μὲν καὐτός, οὐ σαφῶς δ᾽ ἔχω.

ΜΕΝΕΛΕΩΣ

ἀλλ᾽, ὦ γεραιέ, καὶ σὺ κοινώνει λόγων.

ἌΓΓΕΛΟΣ

οὐχ ἥδε μόχθων τῶν ἐν Ἰλίῳ βραβεύς;

ΜΕΝΕΛΕΩΣ

οὐχ ἥδε, πρὸς θεῶν δ᾽ ἦμεν ἠπατημένοι,
705 νεφέλης ἄγαλμ᾽ ἔχοντες ἐν χεροῖν λυγρόν.

ἌΓΓΕΛΟΣ

τί φῄς;
νεφέλης ἄρ᾽ ἄλλως εἴχομεν πόνους πέρι;

ΜΕΝΕΛΕΩΣ

Ἥρας τάδ᾽ ἔργα καὶ θεῶν τρισσῶν ἔρις.

ἌΓΓΕΛΟΣ

ἡ δ᾽ οὖσ᾽ ἀληθῶς ἐστιν ἥδε σὴ δάμαρ;

ΜΕΝΕΛΕΩΣ

710 αὕτη; λόγοις δ᾽ ἐμοῖσι πίστευσον τάδε.

ἌΓΓΕΛΟΣ

ὦ θύγατερ, ὁ θεὸς ὡς ἔφυ τι ποικίλον
καὶ δυστέκμαρτον. εὖ δέ πως πάντα στρέφει
ἐκεῖσε κἀκεῖσ᾽ ἀναφέρων; ὃ μὲν πονεῖ,
ὃ δ᾽ οὐ πονήσας αὖθις ὄλλυται κακῶς,
715 βέβαιον οὐδὲν τῆς ἀεὶ τύχης ἔχων.
σὺ γὰρ πόσις τε σὸς πόνων μετέσχετε,
σὺ μὲν λόγοισιν, ὃ δὲ δορὸς προθυμίᾳ.
σπεύδων δ᾽ ὅτ᾽ ἔσπευδ᾽ οὐδὲν εἶχε; νῦν δ᾽ ἔχει
αὐτόματα πράξας τἀγάθ᾽ εὐτυχέστατα.
720 οὐκ ἄρα γέροντα πατέρα καὶ Διοσκόρω
ᾔσχυνας, οὐδ᾽ ἔδρασας οἷα κλῄζεται.

νῦν ἀνανεοῦμαι τὸν σὸν ὑμέναιον πάλιν
καὶ λαμπάδων μεμνήμεθ᾽ ἃς τετραόροις
ἵπποις τροχάζων παρέφερον; σὺ δ᾽ ἐν δίφροις
725 ξὺν τῷδε νύμφη δῶμ᾽ ἔλειπες ὄλβιον.
κακὸς γὰρ ὅστις μὴ σέβει τὰ δεσποτῶν
καὶ ξυγγέγηθε καὶ συνωδίνει κακοῖς.
ἐγὼ μὲν εἴην, κεἰ πέφυχ᾽ ὅμως λάτρις,
ἐν τοῖσι γενναίοισιν ἠριθμημένος
730 δούλοισι, τοὔνομ᾽ οὐκ ἔχων ἐλεύθερον,
τὸν νοῦν δέ; κρεῖσσον γὰρ τόδ᾽ ἢ δυοῖν κακοῖν
ἕν᾽ ὄντα χρῆσθαι, τὰς φρένας τ᾽ ἔχειν κακὰς
ἄλλων τ᾽ ἀκούειν δοῦλον ὄντα τῶν πέλας.

ΜΕΝΕΛΕΩΣ

ἄγ᾽, ὦ γεραιέ, πολλὰ μὲν παρ᾽ ἀσπίδα
735 μοχθήματ᾽ ἐξέπλησας ἐκπονῶν ἐμοί,
καὶ νῦν μετασχὼν τῆς ἐμῆς εὐπραξίας
ἄγγειλον ἐλθὼν τοῖς λελειμμένοις φίλοις
τάδ᾽ ὡς ἔχονθ᾽ ηὕρηκας οἷ τ᾽ ἐσμὲν τύχης,
μένειν τ᾽ ἐπ᾽ ἀκταῖς τούς τ᾽ ἐμοὺς καραδοκεῖν
740 ἀγῶνας οἵ μένουσί μ᾽, ὡς ἐλπίζομεν,
κεἰ τήνδε πως δυναίμεθ᾽ ἐκκλέψαι χθονός,
φρουρεῖν ὅπως ἂν εἰς ἓν ἐλθόντες τύχης
ἐκ βαρβάρων σωθῶμεν, ἢν δυνώμεθα.

ἌΓΓΕΛΟΣ

ἔσται τάδ᾽, ὦναξ. ἀλλά τοι τὰ μάντεων
745 ἐσεῖδον ὡς φαῦλ᾽ ἐστὶ καὶ ψευδῶν πλέα.
οὐδ᾽ ἦν ἄρ᾽ ὑγιὲς οὐδὲν ἐμπύρου φλογὸς
οὐδὲ πτερωτῶν φθέγματ᾽; εὔηθες δέ τοι
τὸ καὶ δοκεῖν ὄρνιθας ὠφελεῖν βροτούς.
Κάλχας γὰρ οὐκ εἶπ᾽ οὐδ᾽ ἐσήμηνε στρατῷ
750 νεφέλης ὑπερθνῄσκοντας εἰσορῶν φίλους
οὐδ᾽Ἕλενος, ἀλλὰ πόλις ἀνηρπάσθη μάτην.
εἴποις ἄν; οὕνεχ᾽ ὁ θεὸς οὐκ ἠβούλετο;
τί δῆτα μαντευόμεθα; τοῖς θεοῖσι χρὴ
θύοντας αἰτεῖν ἀγαθά, μαντείας δ᾽ ἐᾶν;
755 βίου γὰρ ἄλλως δέλεαρ ηὑρέθη τόδε,
κοὐδεὶς ἐπλούτησ᾽ ἐμπύροισιν ἀργὸς ὤν;
γνώμη δ᾽ ἀρίστη μάντις ἥ τ᾽ εὐβουλία.

ΧΟΡΟΣ

ἐς ταὐτὸ κἀμοὶ δόξα μαντειῶν πέρι
χωρεῖ γέροντι; τοὺς θεοὺς ἔχων τις ἂν
760 φίλους ἀρίστην μαντικὴν ἔχοι δόμοις.

ἙΛΕΝΗ

εἶέν; τὰ μὲν δὴ δεῦρ᾽ ἀεὶ καλῶς ἔχει.
ὅπως δ᾽ ἐσώθης, ὦ τάλας, Τροίας ἄπο,

κέρδος μὲν οὐδὲν εἰδέναι, πόθος δέ τις
τὰ τῶν φίλων φίλοισιν αἰσθέσθαι κακά.

ΜΕΝΕΛΕΩΣ

765 ἦ πόλλ᾽ ἀνήρου μ᾽ ἐνὶ λόγῳ μιᾷ θ᾽ ὁδῷ.
τί σοι λέγοιμ᾽ ἂν τὰς ἐν Αἰγαίῳ φθορὰς
τὰ Ναυπλίου τ᾽ Εὐβοικὰ πυρπολήματα
Κρήτην τε Λιβύης θ᾽ ἃς ἐπεστράφην πόλεις,
σκοπιάς τε Περσέως; οὐ γὰρ ἐμπλήσαιμί σ᾽ ἂν
770 μύθων, λέγων τ᾽ ἄν σοι κάκ᾽ ἀλγοίην ἔτι,
πάσχων τ᾽ ἔκαμνον; δὶς δὲ λυπηθεῖμεν ἄν.

ἙΛΕΝΗ

κάλλιον εἶπας ἤ σ᾽ ἀνηρόμην ἐγώ.
ἓν δ᾽ εἰπὲ πάντα παραλιπών, πόσον χρόνον
πόντου ʽπὶ νώτοις ἅλιον ἐφθείρου πλάνον;

ΜΕΝΕΛΕΩΣ

775 ἐν ναυσὶν ὢν πρὸς τοῖσιν ἐν Τροίᾳ δέκα
ἔτεσι διῆλθον ἑπτὰ περιδρομὰς ἐτῶν.

ἙΛΕΝΗ

φεῦ φεῦ; μακρόν γ᾽ ἔλεξας, ὦ τάλας, χρόνον
σωθεὶς δ᾽ ἐκεῖθεν ἐνθάδ᾽ ἦλθες ἐς σφαγάς.

ΜΕΝΕΛΕΩΣ

πῶς φής; τί λέξεις; ὥς μ᾽ ἀπώλεσας, γύναι.

ἙΛΕΝΗ

780 φεῦγ᾽ ὡς τάχιστα τῆσδ᾽ ἀπαλλαχθεὶς χθονός.
θανῇ πρὸς ἀνδρὸς οὗ τάδ᾽ ἐστὶ δώματα.

ΜΕΝΕΛΕΩΣ

τί χρῆμα δράσας ἄξιον τῆς συμφορᾶς;

ἙΛΕΝΗ

ἥκεις ἄελπτος ἐμποδὼν ἐμοῖς γάμοις.

ΜΕΝΕΛΕΩΣ

ἦ γὰρ γαμεῖν τις τἄμ᾽ ἐβουλήθη λέχη;

ἙΛΕΝΗ

785 ὕβριν θ᾽ ὑβρίζειν εἰς ἔμ᾽, ἣν ἔτλην ἐγώ.

ΜΕΝΕΛΕΩΣ

ἰδίᾳ σθένων τις ἢ τυραννεύων χθονός;

ἙΛΕΝΗ

ὃς γῆς ἀνάσσει τῆσδε Πρωτέως γόνος.

ΜΕΝΕΛΕΩΣ

τόδ᾽ ἔστ᾽ ἐκεῖν᾽ αἴνιγμ᾽ ὃ προσπόλου κλύω.

ἙΛΕΝΗ

ποίοις ἐπιστὰς βαρβάροις πυλώμασιν;

ΜΕΝΕΛΕΩΣ

790 τοῖσδ᾽, ἔνθεν ὥσπερ πτωχὸς ἐξηλαυνόμην.

ἙΛΕΝΗ

οὔ που προσῄτεις βίοτον; ὤ τάλαιν᾽ ἐγώ.

ΜΕΝΕΛΕΩΣ

τοὔργον μὲν ἦν τοῦτ᾽, ὄνομα δ᾽ οὐκ εἶχεν τόδε.

ἙΛΕΝΗ

πάντ᾽ οἶσθ᾽ ἄρ᾽, ὡς ἔοικας, ἀμφ᾽ ἐμῶν γάμων.

ΜΕΝΕΛΕΩΣ

οἶδ᾽; εἰ δὲ λέκτρα διέφυγες τάδ᾽ οὐκ ἔχω.

ἙΛΕΝΗ

795 ἄθικτον εὐνὴν ἴσθι σοι σεσῳσμένην.

ΜΕΝΕΛΕΩΣ

τίς τοῦδε πειθώ; φίλα γάρ, εἰ σαφῆ λέγεις.

῾ΕΛΕΝΗ

ὁρᾷς τάφου τοῦδ᾽ ἀθλίους ἕδρας ἐμάς;

ΜΕΝΕΛΕΩΣ

ὁρῶ ταλαίνας στιβάδας, ὧν τί σοὶ μέτα;

῾ΕΛΕΝΗ

ἐνταῦθα λέκτρων ἱκετεύομεν φυγάς.

ΜΕΝΕΛΕΩΣ

800 βωμοῦ σπανίζουσ᾽ ἢ νόμοισι βαρβάροις;

῾ΕΛΕΝΗ

ἐρρύεθ᾽ ἡμᾶς τοῦτ᾽ ἴσον ναοῖς θεῶν.

ΜΕΝΕΛΕΩΣ

οὐδ᾽ ἄρα πρὸς οἴκους ναυστολεῖν σ᾽ ἔξεστί μοι;

῾ΕΛΕΝΗ

ξίφος μένει σε μᾶλλον ἢ τοὐμὸν λέχος.

ΜΕΝΕΛΕΩΣ

οὕτως ἂν εἴην ἀθλιώτατος βροτῶν.

ἙΛΕΝΗ

805 μή νυν καταιδοῦ, φεῦγε δ᾽ ἐκ τῆσδε χθονός.

ΜΕΝΕΛΕΩΣ

λιπών σε; Τροίαν ἐξέπερσα σὴν χάριν.

ἙΛΕΝΗ

κρεῖσσον γὰρ ἤ σε τἄμ᾽ ἀποκτεῖναι λέχη.

ΜΕΝΕΛΕΩΣ

ἄνανδρά γ᾽ εἶπας Ἰλίου τ᾽ οὐκ ἄξια.

ἙΛΕΝΗ

οὐκ ἂν κτάνοις τύραννον, ὃ σπεύδεις ἴσως.

ΜΕΝΕΛΕΩΣ

810 οὕτω σιδήρῳ τρωτὸν οὐκ ἔχει δέμας;

ἙΛΕΝΗ

εἴσῃ. τὸ τολμᾶν δ᾽ ἀδύνατ᾽ ἀνδρὸς οὐ σοφοῦ.

ΜΕΝΕΛΕΩΣ

σιγῇ παράσχω δῆτ᾽ ἐμὰς δῆσαι χέρας;

ἙΛΕΝΗ

ἐς ἄπορον ἥκεις; δεῖ δὲ μηχανῆς τινος.

ΜΕΝΕΛΕΩΣ

δρῶντας γὰρ ἢ μὴ δρῶντας ἥδιον θανεῖν.

ἙΛΕΝΗ

815 μί᾽ ἔστιν ἐλπίς, ᾗ μόνῃ σωθεῖμεν ἄν.

ΜΕΝΕΛΕΩΣ

ὠνητὸς ἢ τολμητὸς ἢ λόγων ὕπο;

ἙΛΕΝΗ

εἰ μὴ τύραννός σ᾽ ἐκπύθοιτ᾽ ἀφιγμένον.

ΜΕΝΕΛΕΩΣ

ἐρεῖ δὲ τίς μ᾽; οὐ γνώσεταί γ᾽ ὅς εἰμ᾽ ἐγώ.

ἙΛΕΝΗ

ἔστ᾽ ἔνδον αὐτῷ ξύμμαχος θεοῖς ἴση.

ΜΕΝΕΛΕΩΣ

820 φήμη τις οἴκων ἐν μυχοῖς ἱδρυμένη;

῾ΕΛΕΝΗ

οὔκ, ἀλλ᾽ ἀδελφή; Θεονόην καλοῦσί νιν.

ΜΕΝΕΛΕΩΣ

χρηστήριον μὲν τοὔνομ᾽; ὅ τι δὲ δρᾷ φράσον.

῾ΕΛΕΝΗ

πάντ᾽ οἶδ᾽, ἐρεῖ τε συγγόνῳ παρόντα σε.

ΜΕΝΕΛΕΩΣ

θνῄσκοιμεν ἄν; λαθεῖν γὰρ οὐχ οἷόν τέ μοι.

῾ΕΛΕΝΗ

825 ἴσως ἂν ἀναπείσαιμεν ἱκετεύοντέ νιν —

ΜΕΝΕΛΕΩΣ

τί χρῆμα δρᾶσαι; τίν᾽ ὑπάγεις μ᾽ ἐς ἐλπίδα;

῾ΕΛΕΝΗ

παρόντα γαίᾳ μὴ φράσαι σε συγγόνῳ.

ΜΕΝΕΛΕΩΣ

πείσαντε δ᾽ ἐκ γῆς διορίσαιμεν ἂν πόδα;

῾ΕΛΕΝΗ

κοινῇ γ᾽ ἐκείνῃ ῥᾳδίως, λάθρᾳ δ᾽ ἂν οὔ.

ΜΕΝΕΛΕΩΣ

830 σὸν ἔργον, ὡς γυναικὶ πρόσφορον γυνή.

῾ΕΛΕΝΗ

ὡς οὐκ ἄχρωστα γόνατ᾽ ἐμῶν ἕξει χερῶν.

ΜΕΝΕΛΕΩΣ

φέρ᾽, ἢν δὲ δὴ νῷν μὴ ἀποδέξηται λόγους;

῾ΕΛΕΝΗ

θανῇ; γαμοῦμαι δ᾽ ἡ τάλαιν᾽ ἐγὼ βίᾳ.

ΜΕΝΕΛΕΩΣ

προδότις ἂν εἴης; τὴν βίαν σκήψασ᾽ ἔχεις.

῾ΕΛΕΝΗ

835 ἀλλ᾽ ἁγνὸν ὅρκον σὸν κάρα κατώμοσα ...

ΜΕΝΕΛΕΩΣ

τί φῄς; θανεῖσθαι; κοὔποτ᾽ ἀλλάξεις λέχη;

ἙΛΕΝΗ

ταὐτῷ ξίφει γε; κείσομαι δὲ σοῦ πέλας.

ΜΕΝΕΛΕΩΣ

ἐπὶ τοῖσδε τοίνυν δεξιᾶς ἐμῆς θίγε.

ἙΛΕΝΗ

ψαύω, θανόντος σοῦ τόδ᾽ ἐκλείψειν φάος.

ΜΕΝΕΛΕΩΣ

840 κἀγὼ στερηθεὶς σοῦ τελευτήσειν βίον.

ἙΛΕΝΗ

πῶς οὖν θανούμεθ᾽ ὥστε καὶ δόξαν λαβεῖν;

ΜΕΝΕΛΕΩΣ

τύμβου ῾πὶ νώτῳ σὲ κτανὼν ἐμὲ κτενῶ.
πρῶτον δ᾽ ἀγῶνα μέγαν ἀγωνιούμεθα
λέκτρων ὑπὲρ σῶν. ὁ δὲ θέλων ἴτω πέλας;
845 τὸ Τρωικὸν γὰρ οὐ καταισχυνῶ κλέος
οὐδ᾽ Ἑλλάδ᾽ ἐλθὼν λήψομαι πολὺν ψόγον,
ὅστις Θέτιν μὲν ἐστέρησ᾽ Ἀχιλλέως,

Τελαμωνίου δ᾽ Αἴαντος εἰσεῖδον σφαγάς,
τὸν Νηλέως τ᾽ ἄπαιδα; διὰ δὲ τὴν ἐμὴν
850 οὐκ ἀξιώσω κατθανεῖν δάμαρτ᾽ ἐγώ;
μάλιστά γε; εἰ γάρ εἰσιν οἱ θεοὶ σοφοί,
εὔψυχον ἄνδρα πολεμίων θανόνθ᾽ ὕπο
κούφῃ καταμπίσχουσιν ἐν τύμβῳ χθονί,
κακοὺς δ᾽ ἐφ᾽ ἕρμα στερεὸν ἐκβάλλουσι γῆς.

ΧΟΡΟΣ

855 ὦ θεοί, γενέσθω δή ποτ᾽ εὐτυχὲς γένος
τὸ Ταντάλειον καὶ μεταστήτω κακῶν.

ἙΛΕΝΗ

οἳ ἐγὼ τάλαινα; τῆς τύχης γὰρ ὧδ᾽ ἔχω.
Μενέλαε, διαπεπράγμεθ᾽; ἐκβαίνει δόμων
ἡ θεσπιῳδὸς Θεονόη; κτυπεῖ δόμος
860 κλῄθρων λυθέντων. φεῦγ᾽; ἀτὰρ τί φευκτέον;
ἀποῦσα γάρ σε καὶ παροῦσ᾽ ἀφιγμένον
δεῦρ᾽ οἶδεν; ὦ δύστηνος, ὡς ἀπωλόμην.
Τροίας δὲ σωθεὶς κἀπὸ βαρβάρου χθονὸς
ἐς βάρβαρ᾽ ἐλθὼν φάσγαν᾽ αὖθις ἐμπεσῇ.

ΘΕΟΝΟΗ

865 ἡγοῦ σύ μοι φέρουσα λαμπτήρων σέλας

θείου δε σεμνὸν θεσμὸν αἰθέρος μυχούς,
ὡς πνεῦμα καθαρὸν οὐρανοῦ δεξώμεθα;
σὺ δ᾽ αὖ κέλευθον εἴ τις ἔβλαψεν ποδὶ
στείβων ἀνοσίῳ, δὸς καθαρσίῳ φλογί,
870 κροῦσον δὲ πεύκην, ἵνα διεξέλθω, πυρός.
νόμον δὲ τὸν ἐμὸν θεοῖσιν ἀποδοῦσαι πάρος
ἐφέστιον φλόγ᾽ ἐς δόμους κομίζετε.

Ἑλένη, τί τἀμὰ — πῶς ἔχει — θεσπίσματα;
ἥκει πόσις σοι Μενέλεως ὅδ᾽ ἐμφανής,
875 νεῶν στερηθεὶς τοῦ τε σοῦ μιμήματος.
ὦ τλῆμον, οἵους διαφυγὼν ἦλθες πόνους,
οὐδ᾽ οἶσθα νόστον οἴκαδ᾽ εἴτ᾽ αὐτοῦ μενεῖς;
ἔρις γὰρ ἐν θεοῖς σύλλογός τε σοῦ πέρι
ἔσται πάρεδρος Ζηνὶ τῷδ᾽ ἐν ἤματι.
880 Ἥρα μέν, ἥ σοι δυσμενὴς πάροιθεν ἦν,
νῦν ἐστιν εὔνους κὰς πάτραν σῷσαι θέλει
ξὺν τῇδ᾽, ἵν᾽ Ἑλλὰς τοὺς Ἀλεξάνδρου γάμους,
δώρημα Κύπριδος, ψευδονυμφεύτους μάθῃ;
Κύπρις δὲ νόστον σὸν διαφθεῖραι θέλει,
885 ὡς μὴ ᾽ξελεγχθῇ μηδὲ πριαμένη φανῇ
τὸ κάλλος, Ἑλένης οὕνεκ᾽, ἀνονήτοις γάμοις.
τέλος δ᾽ ἐφ᾽ ἡμῖν, εἴθ᾽, ἃ βούλεται Κύπρις,
λέξασ᾽ ἀδελφῷ σ᾽ ἐνθάδ᾽ ὄντα διολέσω,

εἴτ᾽ αὖ μεθ᾽Ἥρας στᾶσα σὸν σώσω βίον,
890 κρύψασ᾽ ὁμαίμον᾽, ὅς με προστάσσει τάδε
εἰπεῖν, ὅταν γῆν τήνδε νοστήσας τύχῃς ...

τίς εἶσ᾽ ἀδελφῷ τόνδε σημανῶν ἐμῷ
παρόνθ᾽, ὅπως ἂν τοὐμὸν ἀσφαλῶς ἔχῃ;

ἙΛΕΝΗ

ὦ παρθέν᾽, ἱκέτις ἀμφὶ σὸν πίτνω γόνυ
895 καὶ προσκαθίζω θᾶκον οὐκ εὐδαίμονα
ὑπέρ τ᾽ ἐμαυτῆς τοῦδέ θ᾽, ὃν μόλις ποτὲ
λαβοῦσ᾽ ἐπ᾽ ἀκμῆς εἰμι κατθανόντ᾽ ἰδεῖν;
μή μοι κατείπῃς σῷ κασιγνήτῳ πόσιν
τόνδ᾽ εἰς ἐμὰς ἥκοντα φιλτάτας χέρας,
900 σῷσον δέ, λίσσομαί σε; συγγόνῳ δὲ σῷ
τὴν εὐσέβειαν μὴ προδῷς τὴν σήν ποτε,
χάριτας πονηρὰς κἀδίκους ὠνουμένη.
μισεῖ γὰρ ὁ θεὸς τὴν βίαν, τὰ κτητὰ δὲ
κτᾶσθαι κελεύει πάντας οὐκ ἐς ἁρπαγάς.
905 ἐατέος δ᾽ ὁ πλοῦτος ἄδικός τις ὤν.
κοινὸς γάρ ἐστιν οὐρανὸς πᾶσιν βροτοῖς
καὶ γαῖ᾽, ἐν ᾗ χρὴ δώματ᾽ ἀναπληρουμένους
τἀλλότρια μὴ σχεῖν μηδ᾽ ἀφαιρεῖσθαι βίᾳ.
ἡμᾶς δὲ καιρίως μέν, ἀθλίως δ᾽ ἐμοί,

910 Ἑρμῆς ἔδωκε πατρὶ σῷ σῴζειν πόσει
τῷδ᾽ ὃς πάρεστι κἀπολάζυσθαι θέλει.
πῶς οὖν θανὼν ἂν ἀπολάβοι; κεῖνος δὲ πῶς
τὰ ζῶντα τοῖς θανοῦσιν ἀποδοίη ποτ᾽ ἄν;
ἤδη τὰ τοῦ θεοῦ καὶ τὰ τοῦ πατρὸς σκόπει;
915 πότερον ὁ δαίμων χὠ θανὼν τὰ τῶν πέλας
βούλοιντ᾽ ἂν ἢ οὐ βούλοιντ᾽ ἂν ἀποδοῦναι πάλιν;
δοκῶ μέν. οὔκουν χρή σε συγγόνῳ πλέον
νέμειν ματαίῳ μᾶλλον ἢ χρηστῷ πατρί.
εἰ δ᾽ οὖσα μάντις καὶ τὰ θεῖ᾽ ἡγουμένη
920 τὸ μὲν δίκαιον τοῦ πατρὸς διαφθερεῖς,
τῷ δ᾽ οὐ δικαίῳ συγγόνῳ σώσεις χάριν,
αἰσχρὸν τὰ μέν σε θεῖα πάντ᾽ ἐξειδέναι,
τά τ᾽ ὄντα καὶ μέλλοντα, τὰ δὲ δίκαια μή.
τήν τ᾽ ἀθλίαν ἔμ᾽, οἷσιν ἔγκειμαι κακοῖς,
925 ῥῦσαι, πάρεργον δοῦσα τοῦτο τῆς τύχης;
Ἑλένην γὰρ οὐδεὶς ὅστις οὐ στυγεῖ βροτῶν;
ἣ κλῄζομαι καθ᾽ Ἑλλάδ᾽ ὡς προδοῦσ᾽ ἐμὸν
πόσιν Φρυγῶν ᾤκησα πολυχρύσους δόμους.
ἢν δ᾽ Ἑλλάδ᾽ ἔλθω κἀπιβῶ Σπάρτης πάλιν,
930 κλύοντες εἰσιδόντες ὡς τέχναις θεῶν
ὤλοντ᾽, ἐγὼ δὲ προδότις οὐκ ἄρ᾽ ἦ φίλων,
πάλιν μ᾽ ἀνάξουσ᾽ ἐς τὸ σῶφρον αὖθις αὖ,
ἑδνώσομαί τε θυγατέρ᾽, ἣν οὐδεὶς γαμεῖ,

τὴν δ᾽ ἐνθάδ᾽ ἐκλιποῦσ᾽ ἀλητείαν πικρὰν
935 ὄντων ἐν οἴκοις χρημάτων ὀνήσομαι.
κεἰ μὲν θανὼν ὅδ᾽ ἐν πυρᾷ κατεσφάγη,
πρόσω σφ᾽ ἀπόντα δακρύοις ἂν ἠγάπων;
νῦν δ᾽ ὄντα καὶ σωθέντ᾽ ἀφαιρεθήσομαι;

μὴ δῆτα, παρθέν᾽, ἀλλά σ᾽ ἱκετεύω τόδε;
940 δὸς τὴν χάριν μοι τήνδε καὶ μιμοῦ τρόπους
πατρὸς δικαίου; παισὶ γὰρ κλέος τόδε
κάλλιστον, ὅστις ἐκ πατρὸς χρηστοῦ γεγὼς
ἐς ταὐτὸν ἦλθε τοῖς τεκοῦσι τοὺς τρόπους.

ΧΟΡΟΣ

οἰκτρὸν μὲν οἱ παρόντες ἐν μέσῳ λόγοι,
945 οἰκτρὰ δὲ καὶ σύ. τοὺς δὲ Μενέλεω ποθῶ
λόγους ἀκοῦσαι τίνας ἐρεῖ ψυχῆς πέρι.

Μενελέως

ΜΕΝΕΛΕΩΣ

ἐγὼ σὸν οὔτ᾽ ἂν προσπεσεῖν τλαίην γόνυ
οὔτ᾽ ἂν δακρῦσαι βλέφαρα; τὴν Τροίαν γὰρ ἂν
δειλοὶ γενόμενοι πλεῖστον αἰσχύνοιμεν ἄν.
950 καίτοι λέγουσιν ὡς πρὸς ἀνδρὸς εὐγενοῦς

ἐν ξυμφοραῖσι δάκρυ᾽ ἀπ᾽ ὀφθαλμῶν βαλεῖν.
ἀλλ᾽ οὐχὶ τοῦτο τὸ καλόν, εἰ καλὸν τόδε,
αἱρήσομαι ᾿γὼ πρόσθε τῆς εὐψυχίας.
ἀλλ᾽, εἰ μὲν ἄνδρα σοι δοκεῖ σῷσαι ξένον
955 ζητοῦντά γ᾽ ὀρθῶς ἀπολαβεῖν δάμαρτ᾽ ἐμήν,
ἀπόδος τε καὶ πρὸς σῷσον; εἰ δὲ μὴ δοκεῖ,
ἐγὼ μὲν οὐ νῦν πρῶτον ἀλλὰ πολλάκις
ἄθλιος ἂν εἴην, σὺ δὲ γυνὴ κακὴ φανῇ.
ἃ δ᾽ ἄξι᾽ ἡμῶν καὶ δίκαι᾽ ἡγούμεθα
960 καὶ σῆς μάλιστα καρδίας ἀνθάψεται,
λέξω τάδ᾽ ἀμφὶ μνῆμα σοῦ πατρὸς πόθῳ;

ὦ γέρον, ὃς οἰκεῖς τόνδε λάινον τάφον,
ἀπόδος, ἀπαιτῶ τὴν ἐμὴν δάμαρτά σε,
ἣν Ζεὺς ἔπεμψε δεῦρό σοι σῴζειν ἐμοί.
965 οἶδ᾽ οὕνεκ᾽ ἡμῖν οὔποτ᾽ ἀποδώσεις θανών;
ἀλλ᾽ ἥδε πατέρα νέρθεν ἀνακαλούμενον
οὐκ ἀξιώσει τὸν πρὶν εὐκλεέστατον
κακῶς ἀκοῦσαι; κυρία γάρ ἐστι νῦν.
ὦ νέρτερ᾽ Ἅιδη, καὶ σὲ σύμμαχον καλῶ,
970 ὃς πόλλ᾽ ἐδέξω τῆσδ᾽ ἕκατι σώματα
πεσόντα τὠμῷ φασγάνῳ, μισθὸν δ᾽ ἔχεις;
ἢ νῦν ἐκείνους ἀπόδος ἐμψύχους πάλιν,
ἢ τήνδε πατρὸς εὐσεβοῦς ἀνάγκασον

κρείσσω φανεῖσαν τἀμά γ᾽ ἀποδοῦναι λέχη.
975 εἰ δ᾽ ἐμὲ γυναῖκα τὴν ἐμὴν συλήσετε,
ἅ σοι παρέλιπεν ἥδε τῶν λόγων, φράσω.
ὅρκοις κεκλῄμεθ᾽, ὡς μάθῃς, ὦ παρθένε,
πρῶτον μὲν ἐλθεῖν διὰ μάχης σῷ συγγόνῳ
κἀκεῖνον ἢ ᾽μὲ δεῖ θανεῖν; ἁπλοῦς λόγος.
980 ἢν δ᾽ ἐς μὲν ἀλκὴν μὴ πόδ᾽ ἀντιθῇ ποδί,
λιμῷ δὲ θηρᾷ τύμβον ἱκετεύοντε νώ,
κτανεῖν δέδοκται τήνδε μοι κἄπειτ᾽ ἐμὸν
πρὸς ἧπαρ ὦσαι δίστομον ξίφος τόδε
τύμβου ᾽πὶ νώτοις τοῦδ᾽, ἵν᾽ αἵματος ῥοαὶ
985 τάφου καταστάζωσι; κεισόμεσθα δὲ
νεκρὼ δύ᾽ ἑξῆς τῷδ᾽ ἐπὶ ξεστῷ τάφῳ,
ἀθάνατον ἄλγος σοί, ψόγος δὲ σῷ πατρί.
οὐ γὰρ γαμεῖ τήνδ᾽ οὔτε σύγγονος σέθεν
οὔτ᾽ ἄλλος οὐδείς; ἀλλ᾽ ἐγώ σφ᾽ ἀπάξομαι,
990 εἰ μὴ πρὸς οἴκους δυνάμεθ᾽, ἀλλὰ πρὸς νεκρούς.

τί ταῦτα; δακρύοις ἐς τὸ θῆλυ τρεπόμενος
ἐλεινὸς ἦν ἂν μᾶλλον ἢ δραστήριος.
κτεῖν᾽, εἰ δοκεῖ σοι; δυσκλεᾶς γὰρ οὐ κτενεῖς;
μᾶλλόν γε μέντοι τοῖς ἐμοῖς πείθου λόγοις,
995 ἵν᾽ ᾖς δικαία καὶ δάμαρτ᾽ ἐγὼ λάβω.

ΧΟΡΟΣ

ἐν σοὶ βραβεύειν, ὦ νεᾶνι, τοὺς λόγους;
οὕτω δὲ κρῖνον, ὡς ἅπασιν ἀνδάνῃς.

ΘΕΟΝΟΗ

ἐγὼ πέφυκά τ᾽ εὐσεβεῖν καὶ βούλομαι,
φιλῶ τ᾽ ἐμαυτήν, καὶ κλέος τοὐμοῦ πατρὸς
1000 οὐκ ἂν μιάναιμ᾽, οὐδὲ συγγόνῳ χάριν
δοίην ἂν ἐξ ἧς δυσκλεὴς φανήσομαι.
ἔνεστι δ᾽ ἱερὸν τῆς δίκης ἐμοὶ μέγα
ἐν τῇ φύσει; καὶ τοῦτο Νηρέως πάρα
ἔχουσα σῴζειν, Μενέλεως, πειράσομαι.
1005 Ἥρᾳ δ᾽, ἐπείπερ βούλεταί σ᾽ εὐεργετεῖν,
ἐς ταὐτὸν οἴσω ψῆφον; ἡ Κύπρις δ᾽ ἐμοὶ
ἵλεως μὲν εἴη, ξυμβέβηκε δ᾽ οὐδαμοῦ;
πειράσομαι δὲ παρθένος μένειν ἀεί.
ἃ δ᾽ ἀμφὶ τύμβῳ τῷδ᾽ ὀνειδίζεις πατρί,
1010 ἡμῖν ὅδ᾽ αὑτὸς μῦθος. ἀδικοίημεν ἄν,
εἰ μὴ ἀποδώσω; καὶ γὰρ ἂν κεῖνος βλέπων
ἀπέδωκεν ἂν σοὶ τήνδ᾽ ἔχειν, ταύτῃ δὲ σέ.

καὶ γὰρ τίσις τῶνδ᾽ ἐστὶ τοῖς τε νερτέροις
καὶ τοῖς ἄνωθεν πᾶσιν ἀνθρώποις; ὁ νοῦς
1015 τῶν κατθανόντων ζῇ μὲν οὔ, γνώμην δ᾽ ἔχει

ἀθάνατον εἰς ἀθάνατον αἰθέρ᾽ ἐμπεσών.
ὡς οὖν παραινῶ μὴ μακράν, σιγήσομαι
ἅ μου καθικετεύσατ᾽, οὐδὲ μωρίᾳ
ξύμβουλος ἔσομαι τῇ κασιγνήτου ποτέ.
1020 εὐεργετῶ γὰρ κεῖνον οὐ δοκοῦσ᾽ ὅμως,
ἐκ δυσσεβείας ὅσιον εἰ τίθημί νιν.
αὐτοὶ μὲν οὖν ὁδόν τιν᾽ ἐξευρίσκετε,
ἐγὼ δ᾽ ἀποστᾶσ᾽ ἐκποδὼν σιγήσομαι.
ἐκ τῶν θεῶν δ᾽ ἄρχεσθε χἱκετεύετε
1025 τὴν μέν σ᾽ ἐᾶσαι πατρίδα νοστῆσαι Κύπριν,
Ἥρας δὲ τὴν ἔννοιαν ἐν ταὐτῷ μένειν
ἣν ἐς σὲ καὶ σὸν πόσιν ἔχει σωτηρίας.
σὺ δ᾽, ὦ θανών μοι πάτερ, ὅσον γ᾽ ἐγὼ σθένω,
οὔποτε κεκλήσῃ δυσσεβὴς ἀντ᾽ εὐσεβοῦς.

ΧΟΡΟΣ

1030 οὐδείς ποτ᾽ εὐτύχησεν ἔκδικος γεγώς,
ἐν τῷ δικαίῳ δ᾽ ἐλπίδες σωτηρίας.

ἙΛΕΝΗ

Μενέλαε, πρὸς μὲν παρθένου σεσῴσμεθα;
τοὐνθένδε δὴ σὲ τοὺς λόγους φέροντα χρὴ
κοινὴν ξυνάπτειν μηχανὴν σωτηρίας.

ΜΕΝΕΛΕΩΣ

1035 ἄκουε δή νυν; χρόνιος εἶ κατὰ στέγας
καὶ συντέθραψαι προσπόλοισι βασιλέως.

ἙΛΕΝΗ

τί τοῦτ᾽ ἔλεξας; ἐσφέρεις γὰρ ἐλπίδας
ὡς δή τι δράσων χρηστὸν ἐς κοινόν γε νῷν.

ΜΕΝΕΛΕΩΣ

πείσειας ἄν τιν᾽ οἵτινες τετραζύγων
1040 ὄχων ἀνάσσουσ᾽, ὥστε νῷν δοῦναι δίφρους;

ἙΛΕΝΗ

πείσαιμ᾽ ἄν; ἀλλὰ τίνα φυγὴν φευξούμεθα
πεδίων ἄπειροι βαρβάρου τ᾽ ὄντες χθονός;

ΜΕΝΕΛΕΩΣ

ἀδύνατον εἶπας. φέρε, τί δ᾽, εἰ κρυφθεὶς δόμοις
κτάνοιμ᾽ ἄνακτα τῷδε διστόμῳ ξίφει;

ἙΛΕΝΗ

1045 οὐκ ἄν σ᾽ ἀνάσχοιτ᾽ οὐδὲ σιγήσειεν ἂν
μέλλοντ᾽ ἀδελφὴ σύγγονον κατακτενεῖν.

ΜΕΝΕΛΕΩΣ

ἀλλ᾽ οὐδὲ μὴν ναῦς ἔστιν ᾗ σωθεῖμεν ἂν
φεύγοντες; ἣν γὰρ εἴχομεν θάλασσ᾽ ἔχει.

῾ΕΛΕΝΗ

ἄκουσον, ἤν τι καὶ γυνὴ λέξῃ σοφόν.
1050 βούλῃ λέγεσθαι, μὴ θανών, λόγῳ θανεῖν;

ΜΕΝΕΛΕΩΣ

κακὸς μὲν ὄρνις; εἰ δὲ κερδανῶ, λέγειν
ἕτοιμός εἰμι μὴ θανὼν λόγῳ θανεῖν.

῾ΕΛΕΝΗ

καὶ μὴν γυναικείοις σ᾽ ἂν οἰκτισαίμεθα
κουραῖσι καὶ θρήνοισι πρὸς τὸν ἀνόσιον.

ΜΕΝΕΛΕΩΣ

1055 σωτηρίας δὲ τοῦτ᾽ ἔχει τί νῷν ἄκος;
παλαιότης γὰρ τῷ λόγῳ γ᾽ ἔνεστί τις.

῾ΕΛΕΝΗ

ὡς δὴ θανόντα σ᾽ ἐνάλιον κενῷ τάφῳ
θάψαι τύραννον τῆσδε γῆς αἰτήσομαι.

ΜΕΝΕΛΕΩΣ

καὶ δὴ παρεῖκεν; εἶτα πῶς ἄνευ νεὼς
1060 σωθησόμεσθα κενοταφοῦντ᾽ ἐμὸν δέμας;

ἙΛΕΝΗ

δοῦναι κελεύσω πορθμίδ᾽, ᾗ καθήσομαι
κόσμον τάφῳ σῷ πελαγίους ἐς ἀγκάλας.

ΜΕΝΕΛΕΩΣ

ὡς εὖ τόδ᾽ εἶπας πλὴν ἕν; εἰ χέρσῳ ταφὰς
θεῖναι κελεύσει σ᾽, οὐδὲν ἡ σκῆψις φέρει.

ἙΛΕΝΗ

1065 ἀλλ᾽ οὐ νομίζειν φήσομεν καθ᾽ Ἑλλάδα
χέρσῳ καλύπτειν τοὺς θανόντας ἐναλίους.

ΜΕΝΕΛΕΩΣ

τοῦτ᾽ αὖ κατορθοῖς; εἶτ᾽ ἐγὼ συμπλεύσομαι
καὶ συγκαθήσω κόσμον ἐν ταὐτῷ σκάφει.

ἙΛΕΝΗ

σὲ καὶ παρεῖναι δεῖ μάλιστα τούς τε σοὺς
1070 πλωτῆρας οἵπερ ἔφυγον ἐκ ναυαγίας.

ΜΕΝΕΛΕΩΣ

καὶ μὴν ἐάνπερ ναῦν ἐπ᾽ ἀγκύρας λάβω,
ἀνὴρ παρ᾽ ἄνδρα στήσεται ξιφηφόρος.

ἙΛΕΝΗ

σὲ χρὴ βραβεύειν πάντα; πόμπιμοι μόνον
λαίφει πνοαὶ γένοιντο καὶ νεὼς δρόμος.

ΜΕΝΕΛΕΩΣ

1075 ἔσται; πόνους γὰρ δαίμονες παύσουσί μου.
ἀτὰρ θανόντα τοῦ μ᾽ ἐρεῖς πεπυσμένη;

ἙΛΕΝΗ

σοῦ; καὶ μόνος γε φάσκε διαφυγεῖν μόρον
Ἀτρέως πλέων σὺν παιδὶ καὶ θανόνθ᾽ ὁρᾶν.

ΜΕΝΕΛΕΩΣ

καὶ μὴν τάδ᾽ ἀμφίβληστρα σώματος ῥάκη
1080 ξυμμαρτυρήσει ναυτικῶν ἐρειπίων.

ἙΛΕΝΗ

ἐς καιρὸν ἦλθε, τότε δ᾽ ἄκαιρ᾽ ἀπώλλυτο;
τὸ δ᾽ ἄθλιον κεῖν᾽ εὐτυχὲς τάχ᾽ ἂν πέσοι.

ΜΕΝΕΛΕΩΣ

πότερα δ᾽ ἐς οἴκους σοὶ συνεισελθεῖν με χρὴ
ἢ πρὸς τάφῳ τῷδ᾽ ἥσυχοι καθώμεθα;

ἙΛΕΝΗ

1085 αὐτοῦ μέν᾽; ἢν γάρ καί τι πλημμελές σε δρᾷ,
τάφος σ᾽ ὅδ᾽ ἂν ῥύσαιτο φάσγανόν τε σόν.
ἐγὼ δ᾽ ἐς οἴκους βᾶσα βοστρύχους τεμῶ
πέπλων τε λευκῶν μέλανας ἀνταλλάξομαι
παρῇδί τ᾽ ὄνυχα φόνιον ἐμβαλῶ χροός.
1090 μέγας γὰρ ἁγών, καὶ βλέπω δύο ῥοπάς;
ἢ γὰρ θανεῖν δεῖ μ᾽, ἢν ἁλῶ τεχνωμένη,
ἢ πατρίδα τ᾽ ἐλθεῖν καὶ σὸν ἐκσῷσαι δέμας.

ὦ πότνι᾽ ἣ Δίοισιν ἐν λέκτροις πίτνεις
Ἥρα, δύ᾽ οἰκτρὼ φῶτ᾽ ἀνάψυξον πόνων,
1095 αἰτούμεθ᾽ ὀρθὰς ὠλένας πρὸς οὐρανὸν
ῥίπτονθ᾽, ἵν᾽ οἰκεῖς ἀστέρων ποικίλματα.
σύ θ᾽, ἣ ᾽πὶ τὠμῷ κάλλος ἐκτήσω γάμῳ,
κόρη Διώνης Κύπρι, μή μ᾽ ἐξεργάσῃ.
ἅλις δὲ λύμης ἥν μ᾽ ἐλυμήνω πάρος
1100 τοὔνομα παρασχοῦσ᾽, οὐ τὸ σῶμ᾽, ἐν βαρβάροις.
θανεῖν δ᾽ ἔασόν μ᾽, εἰ κατακτεῖναι θέλεις,
ἐν γῇ πατρῴᾳ. τί ποτ᾽ ἄπληστος εἶ κακῶν,

ἔρωτας ἀπάτας δόλιά τ᾽ ἐξευρήματα
ἀσκοῦσα φίλτρα θ᾽ αἱματηρὰ δωμάτων;
1105 εἰ δ᾽ ἦσθα μετρία, τἄλλα γ᾽ ἡδίστη θεῶν
πέφυκας ἀνθρώποισιν; οὐκ ἄλλως λέγω.

ΧΟΡΟΣ

σὲ τὰν ἐναύλοις ὑπὸ δενδροκόμοις
μουσεῖα καὶ θάκους ἐνί-
ζουσαν ἀναβοάσω,
σὲ τὰν ἀοιδοτάταν ὄρνιθα μελῳδὸν
1110 ἀηδόνα δακρυόεσσαν,
ἔλθ᾽ ὦ διὰ ξουθᾶν
γενύων ἐλελιζομένα
θρήνων ἐμοὶ ξυνεργός,
Ἑλένας μελέας πόνους
τὸν Ἰλιάδων τ᾽ ἀει
1115 δούσᾳ δακρυόεντα πότμον
Ἀχαιῶν ὑπὸ λόγχαις;
ὅτ᾽ ἔδραμε ῥόθια πεδία βαρβάρῳ πλάτᾳ
ὅτ᾽ ἔμολεν ἔμολε, μέλεα Πριαμίδαις ἄγων
Λακεδαίμονος ἄπο λέχεα
1120 σέθεν, ὦ Ἑλένα, Πάρις αἰνόγαμος
πομπαῖσιν Ἀφροδίτας.

ΧΟΡΟΣ

πολλοὶ δ᾽ Ἀχαιῶν δορὶ καὶ πετρίναις
ῥιπαῖσιν ἐκπνεύσαντες Ἅι-
δαν μέλεον ἔχουσιν,
ταλαινᾶν ἀλόχων κείραντες ἔθειραν;
1125 ἄνυμφα δὲ μέλαθρα κεῖται;
πολλοὺς δὲ πυρσεύσας
φλογερὸν σέλας ἀμφιρύταν
Εὔβοιαν εἷλ᾽ Ἀχαιῶν
μονόκωπος ἀνήρ, πέτραις
Καφηρίσιν ἐμβαλὼν
1130 Αἰγαίαις τ᾽ ἐνάλοις δόλιον
ἀκταῖς ἀστέρα λάμψας.
ἀλίμενα δ᾽ ὄρεα Μάλεα χειμάτων πνοᾷ,
ὅτ᾽ ἔσυτο πατρίδος ἀποπρό, βαρβάρου στολᾶς
γέρας, οὐ γέρας ἀλλ᾽ ἔριν,
1135 Δαναῶν Μενέλας ἐπὶ ναυσὶν ἄγων,
εἴδωλον ἱερὸν Ἥρας.

ΧΟΡΟΣ

ὅ τι θεὸς ἢ μὴ θεὸς ἢ τὸ μέσον,
τίς φησ᾽ ἐρευνήσας βροτῶν
μακρότατον πέρας εὑρεῖν
1140 ὃς τὰ θεῶν ἐσορᾷ

δεῦρο καὶ αὖθις ἐκεῖσε
καὶ πάλιν ἀντιλόγοις
πηδῶντ᾽ ἀνελπίστοις τύχαις;
σὺ Διὸς ἔφυς, ὦ Ἑλένα, θυγάτηρ;
1145 πτανὸς γὰρ ἐν κόλποις σε Λήδας ἐτέκνωσε πατήρ.
κᾆτ᾽ ἰαχήθης καθ᾽ Ἑλλανίαν
προδότις ἄπιστος ἄδικος ἄθεος; οὐδ᾽ ἔχω
τί τὸ σαφὲς ἔτι ποτ᾽ ἐν βροτοῖς;
1150 τὸ τῶν θεῶν δ᾽ ἔπος ἀλαθὲς ηὗρον.

ΧΟΡΟΣ

ἄφρονες ὅσοι τὰς ἀρετὰς πολέμῳ
λόγχαισί τ᾽ ἀλκαίου δορὸς
κτᾶσθε, πόνους ἀμαθῶς θνα-
τῶν καταπαυόμενοι;
1155 εἰ γὰρ ἅμιλλα κρινεῖ νιν
αἵματος, οὔποτ᾽ ἔρις
λείψει κατ᾽ ἀνθρώπων πόλεις;
ᾇ Πριαμίδος γᾶς ἔλαχον θαλάμους,
ἐξὸν διορθῶσαι λόγοις
1160 σὰν ἔριν, ὦ Ἑλένα.
νῦν δ᾽ οἳ μὲν Ἅιδᾳ μέλονται κάτω,
τείχεα δὲ φλογμὸς ὥστε Διός ἐπέσυτο φλόξ,

ἐπὶ δὲ πάθεα πάθεσι φέρεις
† ἀθλίοις συμφοραῖς αἰλίνοις. †

ΘΕΟΚΛΥΜΕΝΟΣ

1165 ὦ χαῖρε, πατρὸς μνῆμ᾽; ἐπ᾽ ἐξόδοισι γὰρ
ἔθαψα, Πρωτεῦ, σ᾽ ἕνεκ᾽ ἐμῆς προσρήσεως;
ἀεὶ δέ σ᾽ ἐξιών τε κἀσιὼν δόμους
Θεοκλύμενος παῖς ὅδε προσεννέπει, πάτερ.
ὑμεῖς μὲν οὖν κύνας τε καὶ θηρῶν βρόχους,
1170 δμῶες, κομίζετ᾽ ἐς δόμους τυραννικούς;
ἐγὼ δ᾽ ἐμαυτὸν πόλλ᾽ ἐλοιδόρησα δή;
οὐ γάρ τι θανάτῳ τοὺς κακοὺς κολάζομεν;
καὶ νῦν πέπυσμαι φανερὸν Ἑλλήνων τινὰ
ἐς γῆν ἀφῖχθαι καὶ λεληθέναι σκοπούς,
1175 ἤτοι κατόπτην ἢ κλοπαῖς θηρώμενον
Ἑλένην; θανεῖται δ᾽, ἤν γε δὴ ληφθῇ μόνον.
ἔα;
ἀλλ᾽, ὡς ἔοικε, πάντα διαπεπραγμένα
ηὕρηκα; τύμβου γὰρ κενὰς λιποῦσ᾽ ἕδρας
ἡ Τυνδαρὶς παῖς ἐκπεπόρθμευται χθονός.
1180 ὠή, χαλᾶτε κλῇθρα; λύεθ᾽ ἱππικὰ
φάτνης, ὀπαδοί, κἀκκομίζεθ᾽ ἅρματα,
ὡς ἂν πόνου γ᾽ ἕκατι μὴ λάθῃ με γῆς
τῆσδ᾽ ἐκκομισθεῖσ᾽ ἄλοχος, ἧς ἐφίεμαι. —

ἐπίσχετ᾽; εἰσορῶ γὰρ οὓς διώκομεν
1185 παρόντας ἐν δόμοισι κοὐ πεφευγότας.

αὕτη, τί πέπλους μέλανας ἐξήψω χροὸς
λευκῶν ἀμείψασ᾽ ἔκ τε κρατὸς εὐγενοῦς
κόμας σίδηρον ἐμβαλοῦσ᾽ ἀπέθρισας
χλωροῖς τε τέγγεις δάκρυσι σὴν παρηίδα
1190 κλαίουσα; πότερον ἐννύχοις πεπεισμένη
στένεις ὀνείροις, ἢ φάτιν τιν᾽ οἴκοθεν
κλύουσα λύπῃ σὰς διέφθαρσαι φρένας;

ἙΛΕΝΗ

ὦ δέσποτ᾽ — ἤδη γὰρ τόδ᾽ ὀνομάζω σ᾽ ἔπος —
ὄλωλα; φροῦδα τἀμὰ κοὐδέν εἰμ᾽ ἔτι.

ΘΕΟΚΛΥΜΕΝΟΣ

1195 ἐν τῷ δὲ κεῖσαι συμφορᾶς; τίς ἡ τύχη;

ἙΛΕΝΗ

Μενέλαος — οἴμοι, πῶς φράσω; — τέθνηκέ μοι.

ΘΕΟΚΛΥΜΕΝΟΣ

οὐδέν τι χαίρω σοῖς λόγοις, τὰ δ᾽ εὐτυχῶ.
πῶς δ᾽ οἶσθα; μῶν σοι Θεονόη λέγει τάδε;

ἙΛΕΝΗ

κείνη τε φησὶν ὅ τε παρὼν ὅτ' ὤλλυτο.

ΘΕΟΚΛΥΜΕΝΟΣ

1200 ἥκει γὰρ ὅστις καὶ τάδ' ἀγγέλλει σαφῆ;

ἙΛΕΝΗ

ἥκει; μόλοι γὰρ οἷ σφ' ἐγὼ χρῄζω μολεῖν.

ΘΕΟΚΛΥΜΕΝΟΣ

τίς ἐστι; ποῦ 'στιν; ἵνα σαφέστερον μάθω.

ἙΛΕΝΗ

ὅδ' ὃς κάθηται τῷδ' ὑποπτήξας τάφῳ.

ΘΕΟΚΛΥΜΕΝΟΣ

Ἄπολλον, ὡς ἐσθῆτι δυσμόρφῳ πρέπει.

ἙΛΕΝΗ

1205 οἴμοι, δοκῶ μὲν κἀμὸν ὧδ' ἔχειν πόσιν.

ΘΕΟΚΛΥΜΕΝΟΣ

ποδαπὸς δ' ὅδ' ἁνὴρ καὶ πόθεν κατέσχε γῆν;

ἙΛΕΝΗ

Ἕλλην, Ἀχαιῶν εἷς ἐμῷ σύμπλους πόσει.

ΘΕΟΚΛΥΜΕΝΟΣ

θανάτῳ δὲ ποίῳ φησὶ Μενέλεων θανεῖν;

ἙΛΕΝΗ

οἰκτρόταθ', ὑγροῖσιν ἐν κλυδωνίοις ἁλός.

ΘΕΟΚΛΥΜΕΝΟΣ

1210 ποῦ βαρβάροισι πελάγεσιν ναυσθλούμενον;

ἙΛΕΝΗ

Λιβύης ἀλιμένοις ἐκπεσόντα πρὸς πέτραις.

ΘΕΟΚΛΥΜΕΝΟΣ

καὶ πῶς ὅδ' οὐκ ὄλωλε κοινωνῶν πλάτης;

ἙΛΕΝΗ

ἐσθλῶν κακίους ἐνίοτ' εὐτυχέστεροι.

ΘΕΟΚΛΥΜΕΝΟΣ

λιπὼν δὲ ναὸς ποῦ πάρεστιν ἔκβολα;

ἙΛΕΝΗ

1215 ὅπου κακῶς ὄλοιτο, Μενέλεως δὲ μή.

ΘΕΟΚΛΥΜΕΝΟΣ

ὄλωλ᾽ ἐκεῖνος. ἦλθε δ᾽ ἐν ποίῳ σκάφει;

ἙΛΕΝΗ

ναῦταί σφ᾽ ἀνείλοντ᾽ ἐντυχόντες, ὡς λέγει.

ΘΕΟΚΛΥΜΕΝΟΣ

ποῦ δὴ τὸ πεμφθὲν ἀντὶ σοῦ Τροίᾳ κακόν;

ἙΛΕΝΗ

νεφέλης λέγεις ἄγαλμα; ἐς αἰθέρ᾽ οἴχεται.

ΘΕΟΚΛΥΜΕΝΟΣ

1220 ὦ Πρίαμε καὶ γῆ Τρῳάς, ὡς ἔρρεις μάτην.

ἙΛΕΝΗ

κἀγὼ μετέσχον Πριαμίδαις δυσπραξίας.

ΘΕΟΚΛΥΜΕΝΟΣ

πόσιν δ᾽ ἄθαπτον ἔλιπεν ἢ κρύπτει χθονί;

ΈΛΕΝΗ

ἄθαπτον; οἲ ἐγὼ τῶν ἐμῶν τλήμων κακῶν.

ΘΕΟΚΛΥΜΕΝΟΣ

τῶνδ᾽ οὕνεκ᾽ ἔταμες βοστρύχους ξανθῆς κόμης;

ΈΛΕΝΗ

1225 φίλος γάρ ἐστιν, ὅς ποτ᾽ ἐστίν, ἐνθάδ᾽ ὤν.

ΘΕΟΚΛΥΜΕΝΟΣ

ὀρθῶς μὲν ἥδε συμφορὰ δακρύεται —

ΈΛΕΝΗ

ἐν εὐμαρεῖ γοῦν σὴν κασιγνήτην λαθεῖν.

ΘΕΟΚΛΥΜΕΝΟΣ

οὐ δῆτα. πῶς οὖν; τόνδ᾽ ἔτ᾽ οἰκήσεις τάφον;

ΈΛΕΝΗ

τί κερτομεῖς με, τὸν θανόντα δ᾽ οὐκ ἐᾷς;

ΘΕΟΚΛΥΜΕΝΟΣ

1230 πιστὴ γὰρ εἶ σὺ σῷ πόσει φεύγουσά με.

ἙΛΕΝΗ

ἀλλ᾽ οὐκέτ᾽; ἤδη δ᾽ ἄρχε τῶν ἐμῶν γάμων.

ΘΕΟΚΛΥΜΕΝΟΣ

χρόνια μὲν ἦλθεν, ἀλλ᾽ ὅμως αἰνῶ τάδε.

ἙΛΕΝΗ

οἶσθ᾽ οὖν ὃ δρᾶσον; τῶν πάρος λαθώμεθα.

ΘΕΟΚΛΥΜΕΝΟΣ

ἐπὶ τῷ; χάρις γὰρ ἀντὶ χάριτος ἐλθέτω.

ἙΛΕΝΗ

1235 σπονδὰς τέμωμεν καὶ διαλλάχθητί μοι.

ΘΕΟΚΛΥΜΕΝΟΣ

μεθίημι νεῖκος τὸ σόν, ἴτω δ᾽ ὑπόπτερον.

ἙΛΕΝΗ

πρός νύν σε γονάτων τῶνδ᾽, ἐπείπερ εἶ φίλος —

ΘΕΟΚΛΥΜΕΝΟΣ

τί χρῆμα θηρῶσ᾽ ἱκέτις ὠρέχθης ἐμοῦ;

ἙΛΕΝΗ

τὸν κατθανόντα πόσιν ἐμὸν θάψαι θέλω.

ΘΕΟΚΛΥΜΕΝΟΣ

1240 τί δ'; ἔστ' ἀπόντων τύμβος; ἢ θάψεις σκιάν;

ἙΛΕΝΗ

Ἕλλησίν ἐστι νόμος, ὃς ἂν πόντῳ θάνῃ —

ΘΕΟΚΛΥΜΕΝΟΣ

τί δρᾶν; σοφοί τοι Πελοπίδαι τὰ τοιάδε.

ἙΛΕΝΗ

κενοῖσι θάπτειν ἐν πέπλων ὑφάσμασιν.

ΘΕΟΚΛΥΜΕΝΟΣ

κτέριζ'; ἀνίστη τύμβον οὗ χρῄζεις χθονός.

ἙΛΕΝΗ

1245 οὐχ ὧδε ναύτας ὀλομένους τυμβεύομεν.

ΘΕΟΚΛΥΜΕΝΟΣ

πῶς δαί; λέλειμμαι τῶν ἐνἝλλησιν νόμων.

ἙΛΕΝΗ

ἐς πόντον ὅσα χρὴ νέκυσιν ἐξορμίζομεν.

ΘΕΟΚΛΥΜΕΝΟΣ

τί σοι παράσχω δῆτα τῷ τεθνηκότι;

ἙΛΕΝΗ

ὅδ᾽ οἶδ᾽, ἐγὼ δ᾽ ἄπειρος, εὐτυχοῦσα πρίν.

ΘΕΟΚΛΥΜΕΝΟΣ

1250 ὦ ξένε, λόγων μὲν κληδόν᾽ ἤνεγκας φίλην.

ΜΕΝΕΛΕΩΣ

οὔκουν ἐμαυτῷ γ᾽ οὐδὲ τῷ τεθνηκότι.

ΘΕΟΚΛΥΜΕΝΟΣ

πῶς τοὺς θανόντας θάπτετ᾽ ἐν πόντῳ νεκρούς;

ΜΕΝΕΛΕΩΣ

ὡς ἂν παρούσης οὐσίας ἕκαστος ᾖ.

ΘΕΟΚΛΥΜΕΝΟΣ

πλούτου λέγ᾽ οὕνεχ᾽ ὅ τι θέλεις ταύτης χάριν.

ΜΕΝΕΛΕΩΣ

1255 προσφάζεται μὲν αἷμα πρῶτα νερτέροις.

ΘΕΟΚΛΥΜΕΝΟΣ

τίνος; σύ μοι σήμαινε, πείσομαι δ᾽ ἐγώ.

ΜΕΝΕΛΕΩΣ

αὐτὸς σὺ γίγνωσκ᾽; ἀρκέσει γὰρ ἃν διδῷς.

ΘΕΟΚΛΥΜΕΝΟΣ

ἐν βαρβάροις μὲν ἵππον ἢ ταῦρον νόμος.

ΜΕΝΕΛΕΩΣ

διδούς γε μὲν δὴ δυσγενὲς μηδὲν δίδου.

ΘΕΟΚΛΥΜΕΝΟΣ

1260 οὐ τῶνδ᾽ ἐν ἀγέλαις ὀλβίαις σπανίζομεν.

ΜΕΝΕΛΕΩΣ

καὶ στρωτὰ φέρεται λέκτρα σώματος κενά.

ΘΕΟΚΛΥΜΕΝΟΣ

ἔσται; τί δ᾽ ἄλλο προσφέρειν νομίζεται;

ΜΕΝΕΛΕΩΣ

χαλκήλαθ᾽ ὅπλα; καὶ γὰρ ἦν φίλος δορί.

ΘΕΟΚΛΥΜΕΝΟΣ

ἄξια τάδ᾽ ἔσται Πελοπιδῶν ἃ δώσομεν.

ΜΕΝΕΛΕΩΣ

1265 καὶ τἄλλ᾽ ὅσα χθὼν καλὰ φέρει βλαστήματα.

ΘΕΟΚΛΥΜΕΝΟΣ

πῶς οὖν; ἐς οἶδμα τίνι τρόπῳ καθίετε;

ΜΕΝΕΛΕΩΣ

ναῦν δεῖ παρεῖναι κἀρετμῶν ἐπιστάτας.

ΘΕΟΚΛΥΜΕΝΟΣ

πόσον δ᾽ ἀπείργει μῆκος ἐκ γαίας δόρυ;

ΜΕΝΕΛΕΩΣ

ὥστ᾽ ἐξορᾶσθαι ῥόθια χερσόθεν μόλις.

ΘΕΟΚΛΥΜΕΝΟΣ

1270 τί δή; τόδ᾽ Ἑλλὰς νόμιμον ἐκ τίνος σέβει;

ΜΕΝΕΛΕΩΣ

ὡς μὴ πάλιν γῇ λύματ' ἐκβάλῃ κλύδων.

ΘΕΟΚΛΥΜΕΝΟΣ

Φοίνισσα κώπη ταχύπορος γενήσεται.

ΜΕΝΕΛΕΩΣ

καλῶς ἂν εἴη Μενέλεῴ τε πρὸς χάριν.

ΘΕΟΚΛΥΜΕΝΟΣ

οὔκουν σὺ χωρὶς τῆσδε δρῶν ἀρκεῖς τάδε;

ΜΕΝΕΛΕΩΣ

1275 μητρὸς τόδ' ἔργον ἢ γυναικὸς ἢ τέκνων.

ΘΕΟΚΛΥΜΕΝΟΣ

ταύτης ὁ μόχθος, ὡς λέγεις, θάπτειν πόσιν.

ΜΕΝΕΛΕΩΣ

ἐν εὐσεβεῖ γοῦν νόμιμα μὴ κλέπτειν νεκρῶν.

ΘΕΟΚΛΥΜΕΝΟΣ

ἴτω; πρὸς ἡμῶν ἄλοχον εὐσεβῆ τρέφειν.
ἐλθὼν δ' ἐς οἴκους ἐξελοῦ κόσμον νεκρῷ;
1280 καὶ σὲ οὐ κεναῖσι χερσὶ γῆς ἀποστελῶ,

δράσαντα τῇδε πρὸς χάριν; φήμας δ᾽ ἐμοὶ
ἐσθλὰς ἐνεγκὼν ἀντὶ τῆς ἀχλαινίας
ἐσθῆτα λήψῃ σῖτά θ᾽, ὥστε σ᾽ ἐς πάτραν
ἐλθεῖν, ἐπεὶ νῦν γ᾽ ἀθλίως ἔχονθ᾽ ὁρῶ.

1285 σὺ δ᾽, ὦ τάλαινα, μὴ ʽπὶ τοῖς ἀνηνύτοις
τρύχουσα σαυτήν — Μενέλεως δ᾽ ἔχει πότμον,
κοὐκ ἂν δύναιτο ζῆν ὁ κατθανὼν πόσις.

ΜΕΝΕΛΕΩΣ

σὸν ἔργον, ὦ νεᾶνι; τὸν παρόντα μὲν
στέργειν πόσιν χρή, τὸν δὲ μηκέτ᾽ ὄντ᾽ ἐᾶν;

1290 ἄριστα γάρ σοι ταῦτα πρὸς τὸ τυγχάνον.
ἢν δ᾽ Ἑλλάδ᾽ ἔλθω καὶ τύχω σωτηρίας,
παύσω ψόγου σε τοῦ πρίν, ἢν γυνὴ γένῃ
οἵαν γενέσθαι χρή σε σῷ ξυνευνέτῃ.

ἙΛΕΝΗ

ἔσται τάδ᾽; οὐδὲ μέμψεται πόσις ποτὲ

1295 ἡμῖν; σὺ δ᾽ αὐτὸς ἐγγὺς ὢν εἴσῃ τάδε.
ἀλλ᾽, ὦ τάλας, εἴσελθε καὶ λουτρῶν τύχε
ἐσθῆτά τ᾽ ἐξάλλαξον. οὐκ ἐς ἀμβολὰς
εὐεργετήσω σ᾽; εὐμενέστερον γὰρ ἂν
τῷ φιλτάτῳ μοι Μενέλεῳ τὰ πρόσφορα

1300 δρῴης ἄν, ἡμῶν τυγχάνων οἵων σε χρή.

ΧΟΡΟΣ

Ὀρεία ποτὲ δρομάδι κώ-
λῳ μάτηρ θεῶν ἐσύθη ἀν᾽
ὑλάεντα νάπη
ποτάμιόν τε χεῦμ᾽ ὑδάτων
1305 βαρύβρομόν τε κῦμ᾽ ἅλιον
πόθῳ τᾶς ἀποιχομένας
ἀρρήτου κούρας.
κρόταλα δὲ βρόμια διαπρύσιον
ἱέντα κέλαδον ἀνεβόα,
1310 θηρῶν ὅτε ζυγίους
ζευξάσᾳ θεᾷ σατίνας
τὰν ἁρπασθεῖσαν κυκλίων
χορῶν ἔξω παρθενίων
μετὰ κούραν, ἀελλόποδες,
1315 ἃ μὲν τόξοις Ἄρτεμις, ἃ δ᾽
ἔγχει Γοργῶπις πάνοπλος,
συνείποντο. Ζεὺς δ᾽ ἑδράνων
αὐγάζων ἐξ οὐρανίων
ἄλλαν μοῖραν ἔκραινε.

ΧΟΡΟΣ

δρομαῖον δ᾽ ὅτε πολυπλάνη-
1320 τον μάτηρ ἔπαυσε πόνον,

μαστεύουσα † πόνους †
θυγατρὸς ἁρπαγὰς δολίους,
χιονοθρέμμονάς γ' ἐπέρασ'
Ἰδαιᾶν Νυμφᾶν σκοπιάς;
1325 ῥίπτει δ' ἐν πένθει
πέτρινα κατὰ δρία πολυνιφέα;
βροτοῖσι δ' ἄχλοα πεδία γᾶς
οὐ καρπίζουσ' ἀρότοις
λαῶν δὲ φθείρει γενεάν;
1330 ποίμναις δ' οὐχ ἵει θαλερὰς
βοσκὰς εὐφύλλων ἑλίκων,
πόλεων δ' ἀπέλειπε βίος;
οὐδ' ἦσαν θεῶν θυσίαι,
βωμοῖς δ' ἄφλεκτοι πέλανοι;
1335 πηγὰς δ' ἀμπαύει δροσερὰς
λευκῶν ἐκβάλλειν ὑδάτων
πένθει παιδὸς ἀλάστωρ.

ΧΟΡΟΣ

ἐπεὶ δ' ἔπαυσ' εἰλαπίνας
θεοῖς βροτείῳ τε γένει,
Ζεὺς μειλίσσων στυγίους
1340 ματρὸς ὀργὰς ἐνέπει;
βᾶτε, σεμναὶ Χάριτες,

ἴτε, τᾷ περὶ παρθένῳ
Δηοῖ θυμωσαμένᾳ
λύπαν ἐξαλλάξατ᾽ ἀλαλᾷ,
1345 Μοῦσαί θ᾽ ὕμνοισι χορῶν.
χαλκοῦ δ᾽ αὐδὰν χθονίαν
τύπανά τ᾽ ἔλαβε βυρσοτενῆ
καλλίστα τότε πρῶτα μακά
ρων Κύπρις; γέλασέν τε θεὰ
1350 δέξατό τ᾽ ἐς χέρας
βαρύβρομον αὐλὸν
τερφθεῖσ᾽ ἀλαλαγμῷ.

ΧΟΡΟΣ

ὧν οὐ θέμις σ᾽ οὔθ᾽ ὁσία
'πύρωσας ἐν θεῶν θαλάμοις,
1355 μῆνιν δ᾽ ἔσχες μεγάλας
ματρός, ὦ παῖ, θυσίας
οὐ σεβίζουσα θεᾶς.
μέγα τοι δύναται νεβρῶν
παμποίκιλοι στολίδες
1360 κισσοῦ τε στεφθεῖσα χλόα
νάρθηκας εἰς ἱερούς,
ῥόμβου θ᾽ εἱλισσομένα
κύκλιος ἔνοσις αἰθερία,

βακχεύουσά τ' ἔθειρα Βρομί
1365 ῳ καὶ παννυχίδες θεᾶς.
† εὖ δέ νιν ἅμασιν
ὑπέρβαλε σελάνα †
μορφᾷ μόνον ηὔχεις.

ἙΛΕΝΗ

τὰ μὲν κατ' οἴκους εὐτυχοῦμεν, ὦ φίλαι;
1370 ἡ γὰρ συνεκκλέπτουσα Πρωτέως κόρη
πόσιν παρόντα τὸν ἐμὸν ἱστορουμένη
οὐκ εἶπ' ἀδελφῷ; κατθανόντα δ' ἐν χθονὶ
οὔ φησιν αὐγὰς εἰσορᾶν ἐμὴν χάριν.

*

κάλλιστα δῆτ' ἀνήρπασ' ἐν τύχῃ πόσις;
1375 ἃ γὰρ καθήσειν ὅπλ' ἔμελλεν εἰς ἅλα,
ταῦτ' ἐμβαλὼν πόρπακι γενναίαν χέρα
αὐτὸς κομίζει δόρυ τε δεξιᾷ λαβών,
ὡς τῷ θανόντι χάριτα δὴ συνεκπονῶν.
προύργου δ' ἐς ἀλκὴν σῶμ' ὅπλοις ἠσκήσατο,
1380 ὡς βαρβάρων τρόπαια μυρίων χερὶ
θήσων, ὅταν κωπῆρες ἐσβῶμεν σκάφος,
πέπλους δ' ἀμείψασ' ἀντὶ ναυφθόρου στολῆς
ἐγώ νιν ἐξήσκησα, καὶ λουτροῖς χρόα

ἔδωκα, χρόνια νίπτρα ποταμίας δρόσου.
1385 ἀλλ', ἐκπερᾷ γὰρ δωμάτων ὁ τοὺς ἐμοὺς
γάμους ἑτοίμους ἐν χεροῖν ἔχειν δοκῶν,
σιγητέον μοι; καὶ σὲ προσποιούμεθα
εὔνουν κρατεῖν τε στόματος, ἢν δυνώμεθα
σωθέντες αὐτοὶ καὶ σὲ συνσῶσαί ποτε.

ΘΕΟΚΛΥΜΕΝΟΣ

1390 χωρεῖτ' ἐφεξῆς, ὡς ἔταξεν ὁ ξένος,
δμῶες, φέροντες ἐνάλια κτερίσματα.
Ἑλένη, σὺ δ', ἥν σοι μὴ κακῶς δόξω λέγειν,
πείθου, μέν' αὐτοῦ; ταὐτὰ γὰρ παροῦσά τε
πράξεις τὸν ἄνδρα τὸν σὸν ἤν τε μὴ παρῇς.
1395 δέδοικα γάρ σε μή τις ἐμπεσὼν πόθος
πείσῃ μεθεῖναι σῶμ' ἐς οἶδμα πόντιον
τοῦ πρόσθεν ἀνδρὸς χάρισιν ἐκπεπληγμένην;
ἄγαν γὰρ αὐτὸν οὐ παρόνθ' ὅμως στένεις.

ἙΛΕΝΗ

ὦ καινὸς ἡμῖν πόσις, ἀναγκαίως ἔχει
1400 τὰ πρῶτα λέκτρα νυμφικάς θ' ὁμιλίας
τιμᾶν; ἐγὼ δὲ διὰ τὸ μὲν στέργειν πόσιν
καὶ ξυνθάνοιμ' ἄν; ἀλλὰ τίς κείνῳ χάρις
ξὺν κατθανόντι κατθανεῖν; ἔα δέ με

αὐτὴν μολοῦσαν ἐντάφια δοῦναι νεκρῷ.
1405 θεοὶ δὲ σοί τε δοῖεν οἷ᾽ ἐγὼ θέλω,
καὶ τῷ ξένῳ τῷδ᾽, ὅτι συνεκπονεῖ τάδε.
ἕξεις δέ μ᾽ οἵαν χρή σ᾽ ἔχειν ἐν δώμασι
γυναῖκ᾽, ἐπειδὴ Μενέλεων εὐεργετεῖς
κἄμ᾽; ἔρχεται γὰρ δή τιν᾽ ἐς τύχην τάδε.
1410 ὅστις δὲ δώσει ναῦν ἐν ᾗ τάδ᾽ ἄξομεν,
πρόσταξον, ὡς ἂν τὴν χάριν πλήρη λάβω.

ΘΕΟΚΛΥΜΕΝΟΣ

χώρει σὺ καὶ ναῦν τοῖσδε πεντηκόντορον
Σιδωνίαν δὸς κἀρετμῶν ἐπιστάτας.

ἙΛΕΝΗ

οὔκουν ὅδ᾽ ἄρξει ναὸς ὃς κοσμεῖ τάφον;

ΘΕΟΚΛΥΜΕΝΟΣ

1415 μάλιστ᾽; ἀκούειν τοῦδε χρὴ ναύτας ἐμούς.

ἙΛΕΝΗ

αὖθις κέλευσον, ἵνα σαφῶς μάθωσί σου.

ΘΕΟΚΛΥΜΕΝΟΣ

αὖθις κελεύω καὶ τρίτον γ᾽, εἴ σοι φίλον.

ἙΛΕΝΗ

ὄναιο; κἀγὼ τῶν ἐμῶν βουλευμάτων.

ΘΕΟΚΛΥΜΕΝΟΣ

μή νυν ἄγαν σὸν δάκρυσιν ἐκτήξῃς χρόα.

ἙΛΕΝΗ

1420 ἥδ᾽ ἡμέρα σοι τὴν ἐμὴν δείξει χάριν.

ΘΕΟΚΛΥΜΕΝΟΣ

τὰ τῶν θανόντων οὐδέν, ἀλλ᾽ ἄλλως πόνος.

ἙΛΕΝΗ

ἔστιν τι κἀκεῖ κἀνθάδ᾽ ὧν ἐγὼ λέγω.

ΘΕΟΚΛΥΜΕΝΟΣ

οὐδὲν κακίω Μενέλεώ μ᾽ ἕξεις πόσιν.

ἙΛΕΝΗ

οὐδὲν σὺ μεμπτός; τῆς τύχης με δεῖ μόνον.

ΘΕΟΚΛΥΜΕΝΟΣ

1425 ἐν σοὶ τόδ᾽, ἢν σὴν εἰς ἔμ᾽ εὔνοιαν διδῷς.

ἙΛΕΝΗ

οὐ νῦν διδαξόμεσθα τοὺς φίλους φιλεῖν.

ΘΕΟΚΛΥΜΕΝΟΣ

βούλῃ ξυνεργῶν αὐτὸς ἐκπέμψω στόλον;

ἙΛΕΝΗ

ἥκιστα; μὴ δούλευε σοῖς δούλοις, ἄναξ.

ΘΕΟΚΛΥΜΕΝΟΣ

ἀλλ᾽ εἶα; τοὺς μὲν Πελοπιδῶν ἐῶ νόμους;
1430 καθαρὰ γὰρ ἡμῖν δώματ᾽; οὐ γὰρ ἐνθάδε
ψυχὴν ἀφῆκε Μενέλεως; ἴτω δέ τις
φράσων ὑπάρχοις τοῖς ἐμοῖς φέρειν γάμων
ἀγάλματ᾽ οἴκους εἰς ἐμούς; πᾶσαν δὲ χρὴ
γαῖαν βοᾶσθαι μακαρίαις ὑμνῳδίαις
1435 ὑμέναιον Ἑλένης κἀμόν, ὡς ζηλωτὸς ᾖ.
σὺ δ᾽, ὦ ξέν᾽, ἐλθών, πελαγίους ἐς ἀγκάλας
τῷ τῆσδε πρίν ποτ᾽ ὄντι δοὺς πόσει τάδε,
πάλιν πρὸς οἴκους σπεῦδ᾽ ἐμὴν δάμαρτ᾽ ἔχων,
ὡς τοὺς γάμους τοὺς τῆσδε συνδαίσας ἐμοὶ
1440 στέλλῃ πρὸς οἴκους ἢ μένων εὐδαιμονῇς.

ΜΕΝΕΛΕΩΣ

ὦ Ζεῦ, πατήρ τε καὶ σοφὸς κλῄζῃ θεός,
βλέψον πρὸς ἡμᾶς καὶ μετάστησον κακῶν.
ἕλκουσι δ᾽ ἡμῖν πρὸς λέπας τὰς συμφορὰς
σπουδῇ σύναψαι; κἂν ἄκρᾳ θίγῃς χερί,
1445 ἥξομεν ἵν᾽ ἐλθεῖν βουλόμεσθα τῆς τύχης.
ἅλις δὲ μόχθων οὓς ἐμοχθοῦμεν πάρος.
κέκλησθέ μοι, θεοί, πολλά χρήσθ᾽ ἐμοῦ κλύειν
καὶ λύπρ᾽; ὀφείλω δ᾽ οὐκ ἀεὶ πράσσειν κακῶς,
ὀρθῷ δὲ βῆναι ποδί; μίαν δέ μοι χάριν
1450 δόντες τὸ λοιπὸν εὐτυχῆ με θήσετε.

ΧΟΡΟΣ

Φοίνισσα Σιδωνιὰς ὦ
ταχεῖα κώπα, ῥοθίοισι μάτηρ
εἰρεσίας φίλα,
χοραγὲ τῶν καλλιχόρων
1455 δελφίνων, ὅταν αὔραις
πέλαγος ἀνήνεμον ᾖ,
γλαυκὰ δὲ Πόντου θυγάτηρ
Γαλάνεια τάδ᾽ εἴπῃ;
κατὰ μὲν ἱστία πετάσατ᾽ αὔ-
1460 ραις λιπόντες εἰναλίαις,
λάβετε δ᾽ εἰλατίνας πλάτας,

ὦ ναῦται, ναῦται,
πέμποντες εὐλιμένους
Περσείων οἴκων Ἑλέναν ἐπ᾽ ἀκτάς.

ΧΟΡΟΣ

1465 ἦ που κόρας ἂν ποταμοῦ
παρ᾽ οἶδμα Λευκιππίδας ἢ πρὸ ναοῦ
Παλλάδος ἂν λάβοις
χρόνῳ ξυνελθοῦσα χοροῖς
ἢ κώμοις Ὑακίνθου
1470 νύχιον ἐς εὐφροσύναν,
ὃν ἐξαμιλλησάμενος
τροχῷ τέρμονα δίσκου
ἔκανε Φοῖβος, τᾷ Λακαί-
νᾳ γᾷ βούθυτον ἁμέραν;
1475 ὁ Διὸς δ᾽ εἶπε σέβειν γόνος;
μόσχον θ᾽, ἃν οἴκοις
ἔλειπες, Ἑρμιόναν,
ἇς οὔπω πεῦκαι πρὸ γάμων ἔλαμψαν.

ΧΟΡΟΣ

δι᾽ ἀέρος εἴθε ποτανοὶ
γενοίμεσθ᾽ ᾇ Λιβύας
1480 οἰωνοὶ στοχάδες

ὄμβρον λιποῦσαι χειμέριον
νίσονται πρεσβυτάτᾳ
1485 γγι πειθόμεναι
1485ποιμένος, ὃς ἄβροχα πεδία καρποφόρα τε γᾶς
ἐπιπετόμενος ἰαχεῖ.
ὦ πταναὶ δολιχαύχενες,
σύννομοι νεφέων δρόμου,
βᾶτε Πλειάδας ὑπὸ μέσας
1490 ὠρίωνά τ᾽ ἐννύχιον;
καρύξατ᾽ ἀγγελίαν,
Εὐρώταν ἐφεζόμεναι,
Μενέλεως ὅτι Δαρδάνου
πόλιν ἑλὼν δόμον ἥξει.

ΧΟΡΟΣ

1495 μόλοιτέ ποθ᾽ ἵππιον οἶμον
δι᾽ αἰθέρος ἱέμενοι
παῖδες Τυνδαρίδαι,
λαμπρῶν ἄστρων ὑπ᾽ ἀέλλαισιν;
οἳ ναίετ᾽ οὐράνιοι,
1500 σωτῆρες τᾶς Ἑλένας,
γλαυκὸν ἔπιτ᾽ οἶδμα κυανόχροά τε κυμάτων
ῥόθια πολιὰ θαλάσσας,
ναύταις εὐαεῖς ἀνέμων

1505 πέμποντες Διόθεν πνοάς;
δύσκλειαν δ᾽ ἀπὸ συγγόνου
βάλετε βαρβάρων λεχέων,
ἂν Ἰδαίων ἐρίδων
ποιναθεῖσ᾽ ἐκτήσατο, γᾶν
1510 οὐκ ἐλθοῦσά ποτ᾽ Ἰλίου
Φοιβείους ἐπὶ πύργους.

ἌΓΓΕΛΟΣ

† ἄναξ, τὰ κάκιστ᾽ ἐν δόμοις εὑρήκαμεν; †
ὡς καίν᾽ ἀκούσῃ πήματ᾽ ἐξ ἐμοῦ τάχα.

ΘΕΟΚΛΥΜΕΝΟΣ

τί δ᾽ ἔστιν;

ἌΓΓΕΛΟΣ

ἄλλης ἐκπόνει μνηστεύματα
1515 γυναικός; Ἑλένη γὰρ βέβηκ᾽ ἔξω χθονός.

ΘΕΟΚΛΥΜΕΝΟΣ

πτεροῖσιν ἀρθεῖσ᾽ ἢ πεδοστιβεῖ ποδί;

ἌΓΓΕΛΟΣ

Μενέλαος αὐτὴν ἐκπεπόρθμευται χθονός,
ὃς αὐτὸς αὑτὸν ἦλθεν ἀγγέλλων θανεῖν.

ΘΕΟΚΛΥΜΕΝΟΣ

ὢ δεινὰ λέξας; τίς δέ νιν ναυκληρία
1520 ἐκ τῆσδ᾽ ἀπῆρε χθονός; ἄπιστα γὰρ λέγεις.

ἌΓΓΕΛΟΣ

ἥν γε ξένῳ δίδως σύ; τούς τε σοὺς ἔχων
ναύτας βέβηκεν, ὡς ἂν ἐν βραχεῖ μάθῃς.

ΘΕΟΚΛΥΜΕΝΟΣ

πῶς; εἰδέναι πρόθυμος; οὐ γὰρ ἐλπίδων
ἔσω βέβηκα μίαν ὑπερδραμεῖν χέρα
1525 τοσούσδε ναύτας, ὧν ἀπεστάλης μέτα.

ἌΓΓΕΛΟΣἌΓΓΕΛΟΣ

ἐπεὶ λιποῦσα τούσδε βασιλείους δόμους
ἡ τοῦ Διὸς παῖς πρὸς θάλασσαν ἐστάλη
σοφώταθ᾽ ἁβρὸν πόδα τιθεῖσ᾽ ἀνέστενε
πόσιν πέλας παρόντα κοὐ τεθνηκότα.
1530 ὡς δ᾽ ἤλθομεν σῶν περίβολον νεωρίων,
Σιδωνίαν ναῦν πρωτόπλουν καθείλκομεν
ζυγῶν τε πεντήκοντα κἀρετμῶν μέτρα
ἔχουσαν. ἔργου δ᾽ ἔργον ἐξημείβετο;
ὃ μὲν γὰρ ἱστόν, ὃ δὲ πλάτην καθίσατο
1535 †ταρσόν τε χειρί, λευκά θ᾽ ἱστί᾽ εἰς ἓν ἦν†

πηδάλιά τε ζεύγλαισι παρακαθίετο.
κἀν τῷδε μόχθῳ, τοῦτ᾽ ἄρα σκοπούμενοι,
Ἕλληνες ἄνδρες Μενέλεῳ ξυνέμποροι
προσῆλθον ἀκταῖς ναυφθόροις ἠσθημένοι
1540 πέπλοισιν, εὐειδεῖς μέν, αὐχμηροὶ δ᾽ ὁρᾶν.
ἰδὼν δέ νιν παρόντας Ἀτρέως γόνος
προσεῖπε δόλιον οἶκτον ἐς μέσον φέρων;
ὦ τλήμονες, πῶς ἐκ τίνος νεώς ποτε
Ἀχαιίδος θραύσαντες ἥκετε σκάφος;
1545 ἆρ᾽ Ἀτρέως παῖδ᾽ ὀλόμενον συνθάπτετε,
ὃν Τυνδαρὶς παῖς ἥδ᾽ ἀπόντα κενοταφεῖ;
οἳ δ᾽ ἐκβαλόντες δάκρυα ποιητῷ τρόπῳ,
ἐς ναῦν ἐχώρουν Μενέλεῳ ποντίσματα
φέροντες. ἡμῖν δ᾽ ἦν μὲν ἥδ᾽ ὑποψία
1550 λόγος τ᾽ ἐν ἀλλήλοισι, τῶν ἐπεσβατῶν
ὡς πλῆθος εἴη; διεσιωπῶμεν δ᾽ ὅμως
τοὺς σοὺς λόγους σῴζοντες; ἄρχειν γὰρ νεὼς
ξένον κελεύσας πάντα συνέχεας τάδε.
καὶ τἄλλα μὲν δὴ ῥᾳδίως ἔσω νεὼς
1555 ἐθέμεθα κουφίζοντα; ταύρειος δὲ ποὺς
οὐκ ἤθελ᾽ ὀρθὸς σανίδα προσβῆναι κάτα,
ἀλλ᾽ ἐξεβρυχᾶτ᾽ ὄμμ᾽ ἀναστρέφων κύκλῳ
κυρτῶν τε νῶτα κἀς κέρας παρεμβλέπων
μὴ θιγγάνειν ἀπεῖργεν. ὁ δ᾽ Ἑλένης πόσις

1560 ἐκάλεσεν; ὦ πέρσαντες Ἰλίου πόλιν,
οὐκ εἶ᾽ ἀναρπάσαντες Ἑλλήνων νόμῳ
νεανίαις ὤμοισι ταύρειον δέμας
ἐς πρῷραν ἐμβαλεῖτε, †φάσγανόν θ᾽ ἅμα
πρόχειρον ὤσει† σφάγια τῷ τεθνηκότι;
1565 οἳ δ᾽ ἐς κέλευσμ᾽ ἐλθόντες ἐξανήρπασαν
ταῦρον φέροντές τ᾽ εἰσέθεντο σέλματα.
μονάμπυκον δὲ Μενέλεως ψήχων δέρην
μέτωπά τ᾽ ἐξέπεισεν ἐσβῆναι δόρυ.

τέλος δ᾽, ἐπειδὴ ναῦς τὰ πάντ᾽ ἐδέξατο,
1570 πλήσασα κλιμακτῆρας εὐσφύρῳ ποδί
Ἑλένη καθέζετ᾽ ἐν μέσοις ἑδωλίοις,
ὅ τ᾽ οὐκέτ᾽ ὢν λόγοισι Μενέλεως πέλας;
ἄλλοι δὲ τοίχους δεξιοὺς λαιούς τ᾽ ἴσοι
ἀνὴρ παρ᾽ ἄνδρ᾽ ἕζονθ᾽, ὑφ᾽ εἵμασι ξίφη
1575 λαθραῖ᾽ ἔχοντες, ῥόθιά τ᾽ ἐξεπίμπλατο
βοῆς κελευστοῦ φθέγμαθ᾽ ὡς ἠκούσαμεν.

ἐπεὶ δὲ γαίας ἦμεν οὔτ᾽ ἄγαν πρόσω
οὔτ᾽ ἐγγύς, οὕτως ἤρετ᾽ οἰάκων φύλαξ;
ἔτ᾽, ὦ ξέν᾽, ἐς τὸ πρόσθεν — ἢ καλῶς ἔχει —
1580 πλεύσωμεν; ἀρχαὶ γὰρ νεὼς μέλουσι σοί.
ὃ δ᾽ εἶφ᾽; ἅλις μοι. δεξιᾷ δ᾽ ἑλὼν ξίφος

ἐς πρῷραν εἷρπε κἀπὶ ταυρείῳ σφαγῇ
σταθεὶς νεκρῶν μὲν οὐδενὸς μνήμην ἔχων,
τέμνων δὲ λαιμὸν ηὔχετ'; ὦ ναίων ἅλα
1585 πόντιε Πόσειδον Νηρέως θ' ἁγναὶ κόραι,
σώσατέ μ' ἐπ' ἀκτὰς Ναυπλίας δάμαρτά τε
ἄσυλον ἐκ γῆς. αἵματος δ' ἀπορροαὶ
ἐς οἶδμ' ἐσηκόντιζον οὔριοι ξένῳ.
καί τις τόδ' εἶπε; δόλιος ἡ ναυκληρία.
1590 πάλιν πλέωμεν; δεξιὰν κέλευε σύ,
σὺ δὲ στρέφ' οἴακ'. ἐκ δὲ ταυρείου φόνου
Ἀτρέως σταθεὶς παῖς ἀνεβόησε συμμάχους;
τί μέλλετ', ὦ γῆς Ἑλλάδος λωτίσματα,
σφάζειν φονεύειν βαρβάρους νεώς τ' ἄπο
1595 ῥίπτειν ἐς οἶδμα; ναυβάταις δὲ τοῖσι σοῖς
βοᾷ κελευστὴς τὴν ἐναντίαν ὄπα;
οὐκ εἶ' ὃ μέν τις λοῖσθον ἀρεῖται δόρυ,
ὃ δὲ ζύγ' ἄξας, ὃ δ' ἀφελὼν σκαλμοῦ πλάτην
1600 καθαιματώσει κρᾶτα πολεμίων ξένων;

ὀρθοὶ δ' ἀνῆξαν πάντες, οἳ μὲν ἐν χεροῖν
κορμοὺς ἔχοντες ναυτικούς, οἳ δὲ ξίφη;
φόνῳ δὲ ναῦς ἐρρεῖτο. παρακέλευσμα δ' ἦν
πρύμνηθεν Ἑλένης; ποῦ τὸ Τρωικὸν κλέος;
δείξατε πρὸς ἄνδρας βαρβάρους; σπουδῆς δ' ὕπο

1605 ἔπιπτον, οἱ δ᾽ ὠρθοῦντο, τοὺς δὲ κειμένους
νεκροὺς ἂν εἶδες. Μενέλεως δ᾽ ἔχων ὅπλα,
ὅποι νοσοῖεν ξύμμαχοι κατασκοπῶν,
ταύτῃ προσῆγε χειρὶ δεξιᾷ ξίφος,
ὥστ᾽ ἐκκολυμβᾶν ναός, ἠρήμωσε δὲ
1610 σῶν ναυβατῶν ἐρετμά. ἐπ᾽ οἰάκων δὲ βὰς
ἄνακτ᾽ ἐς Ἑλλάδ᾽ εἶπεν εὐθύνειν δόρυ.
οἱ δ᾽ ἱστὸν ἦρον, οὔριαι δ᾽ ἧκον πνοαί.

βεβᾶσι δ᾽ ἐκ γῆς. διαφυγὼν δ᾽ ἐγὼ φόνον
καθῆκ᾽ ἐμαυτὸν εἰς ἅλ᾽ ἄγκυραν πάρα;
1615 ἤδη δὲ κάμνονθ᾽ ὁρμιατόνων μέ τις
ἀνείλετ᾽, ἐς δὲ γαῖαν ἐξέβησέ σοι
τάδ᾽ ἀγγελοῦντα. σώφρονος δ᾽ ἀπιστίας
οὐκ ἔστιν οὐδὲν χρησιμώτερον βροτοῖς.

ΧΟΡΟΣ

οὐκ ἄν ποτ᾽ ηὔχουν οὔτε σ᾽ οὔθ᾽ ἡμᾶς λαθεῖν
1620 Μενέλαον, ὦναξ, ὡς ἐλάνθανεν παρών.

ΘΕΟΚΛΥΜΕΝΟΣ

ὦ γυναικείαις τέχναισιν αἱρεθεὶς ἐγὼ τάλας;
ἐκπεφεύγασιν γάμοι με. κεἰ μὲν ἦν ἁλώσιμος
ναῦς διώγμασιν, πονήσας εἷλον ἂν τάχα ξένους;

nῦν δὲ τὴν προδοῦσαν ἡμᾶς τεισόμεσθα σύγγονον,

1625 ἥτις ἐν δόμοις ὁρῶσα Μενέλεων οὐκ εἶπέ μοι.

τοιγὰρ οὔποτ᾽ ἄλλον ἄνδρα ψεύσεται μαντεύμασιν.

ΘΕΡΑΠΩΝ

οὗτος ὤ, ποῖ σὸν πόδ᾽ αἴρεις, δέσποτ᾽, ἐς ποῖον φόνον;

ΘΕΟΚΛΥΜΕΝΟΣ

οἷπερ ἡ δίκη κελεύει με; ἀλλ᾽ ἀφίστασ᾽ ἐκποδών.

ΘΕΡΑΠΩΝ

οὐκ ἀφήσομαι πέπλων σῶν; μεγάλα γὰρ σπεύδεις κακά.

ΘΕΟΚΛΥΜΕΝΟΣ

1630 ἀλλὰ δεσποτῶν κρατήσεις δοῦλος ὤν;

ΘΕΡΑΠΩΝ

φρονῶ γὰρ εὖ.

ΘΕΟΚΛΥΜΕΝΟΣ

οὐκ ἔμοιγ᾽, εἰ μή μ᾽ ἐάσεις —

ΘΕΡΑΠΩΝ

οὐ μὲν οὖν σ᾽ ἐάσομεν.

ΘΕΟΚΛΥΜΕΝΟΣ

σύγγονον κτανεῖν κακίστην —

ΘΕΡΑΠΩΝ

εὐσεβεστάτην μὲν οὖν.

ΘΕΟΚΛΥΜΕΝΟΣ

ἥ με προύδωκεν —

ΘΕΡΑΠΩΝ

καλήν γε προδοσίαν, δίκαια δρᾶν.

ΘΕΟΚΛΥΜΕΝΟΣ

τἀμὰ λέκτρ᾽ ἄλλῳ διδοῦσα.

ΘΕΡΑΠΩΝ

τοῖς γε κυριωτέροις.

ΘΕΟΚΛΥΜΕΝΟΣ

1635 κύριος δὲ τῶν ἐμῶν τίς;

ΘΕΡΑΠΩΝ

ὃς ἔλαβεν πατρὸς πάρα.

ΘΕΟΚΛΥΜΕΝΟΣ

ἀλλ᾽ ἔδωκεν ἡ τύχη μοι.

ΘΕΡΑΠΩΝ

τὸ δὲ χρεὼν ἀφείλετο.

ΘΕΟΚΛΥΜΕΝΟΣ

οὐ σὲ τἀμὰ χρὴ δικάζειν.

ΘΕΡΑΠΩΝ

ἤν γε βελτίω λέγω.

ΘΕΟΚΛΥΜΕΝΟΣ

ἀρχόμεσθ᾽ ἄρ᾽, οὐ κρατοῦμεν.

ΘΕΡΑΠΩΝ

ὅσια δρᾶν, τὰ δ᾽ ἔκδικ᾽ οὔ.

ΘΕΟΚΛΥΜΕΝΟΣ

κατθανεῖν ἐρᾶν ἔοικας.

ΘΕΡΑΠΩΝ

κτεῖνε; σύγγονον δὲ σὴν
1640 οὐ κτενεῖς ἡμῶν ἑκόντων, ἀλλ᾽ ἔμε; ὡς πρὸ δεσποτῶν
τοῖσι γενναίοισι δούλοις εὐκλεέστατον θανεῖν.

ΔΙΟΣΚΟΡΟΙ

ἐπίσχες ὀργὰς αἷσιν οὐκ ὀρθῶς φέρῃ,
Θεοκλύμενε, γαίας τῆσδ᾽ ἄναξ; δισσοὶ δέ σε
Διόσκοροι καλοῦμεν, οὓς Λήδα ποτὲ
1645 ἔτικτεν Ἑλένην θ᾽, ἣ πέφευγε σοὺς δόμους;
οὐ γὰρ πεπρωμένοισιν ὀργίζῃ γάμοις,
οὐδ᾽ ἡ θεᾶς Νηρῇδος ἔκγονος κόρη
ἀδικεῖ σ᾽ ἀδελφὴ Θεονόη, τὰ τῶν θεῶν
1650 τιμῶσα πατρός τ᾽ ἐνδίκους ἐπιστολάς.

ἐς μὲν γὰρ αἰεὶ τὸν παρόντα νῦν χρόνον
κείνην κατοικεῖν σοῖσιν ἐν δόμοις ἐχρῆν;
ἐπεὶ δὲ Τροίας ἐξανεστάθη βάθρα,
καὶ τοῖς θεοῖς παρέσχε τοὔνομ᾽, οὐκέτι;
ἐν τοῖσι δ᾽ αὑτῆς δεῖ νιν ἐζεῦχθαι γάμοις
1655 ἐλθεῖν τ᾽ ἐς οἴκους καὶ συνοικῆσαι πόσει.
ἀλλ᾽ ἴσχε μὲν σῆς συγγόνου μέλαν ξίφος,
νόμιζε δ᾽ αὐτὴν σωφρόνως πράσσειν τάδε.
πάλαι δ᾽ ἀδελφὴν κἂν πρὶν ἐξεσώσαμεν,
ἐπείπερ ἡμᾶς Ζεὺς ἐποίησεν θεούς;
1660 ἀλλ᾽ ἥσσον᾽ ἦμεν τοῦ πεπρωμένου θ᾽ ἅμα
καὶ τῶν θεῶν, οἷς ταῦτ᾽ ἔδοξεν ὧδ᾽ ἔχειν.

σοὶ μὲν τάδ᾽ αὐδῶ, συγγόνῳ δ᾽ ἐμῇ λέγω;
πλεῖ ξὺν πόσει σῷ; πνεῦμα δ᾽ ἕξετ᾽ οὔριον;

σωτῆρε δ᾽ ἡμεῖς σὼ κασιγνήτω διπλῶ
1665 πόντον παριππεύοντε πέμψομεν πάτραν.
ὅταν δὲ κάμψῃς καὶ τελευτήσῃς βίον,
θεὸς κεκλήσῃ καὶ Διοσκόρων μέτα
σπονδῶν μεθέξεις ξένιά τ᾽ ἀνθρώπων πάρα
ἕξεις μεθ᾽ ἡμῶν; Ζεὺς γὰρ ὧδε βούλεται.
1670 οὗ δ᾽ ὥρισέν σοι πρῶτα Μαιάδος τόκος,
Σπάρτης ἀπάρας, τὸν κατ᾽ οὐρανὸν δρόμον,
κλέψας δέμας σὸν μὴ Πάρις γήμειέ σε,
— φρουρὸν παρ᾽ Ἀκτὴν τεταμένην νῆσον λέγω —
Ἑλένη τὸ λοιπὸν ἐν βροτοῖς κεκλήσεται,
1675 ἐπεὶ κλοπαίαν σ᾽ ἐκ δόμων ἐδέξατο.
καὶ τῷ πλανήτῃ Μενέλεῳ θεῶν πάρα
μακάρων κατοικεῖν νῆσόν ἐστι μόρσιμον;
τοὺς εὐγενεῖς γὰρ οὐ στυγοῦσι δαίμονες,
τῶν δ᾽ ἀναριθμήτων μᾶλλόν εἰσιν οἱ πόνοι.

ΘΕΟΚΛΥΜΕΝΟΣ

1680 ὦ παῖδε Λήδας καὶ Διός, τὰ μὲν πάρος
νείκη μεθήσω σφῶν κασιγνήτης πέρι;
ἐγὼ δ᾽ ἀδελφὴν οὐκέτ᾽ ἂν κτάνοιμ᾽ ἐμήν.
κείνη δ᾽ ἴτω πρὸς οἶκον, εἰ θεοῖς δοκεῖ.
ἴστον δ᾽ ἀρίστης σωφρονεστάτης θ᾽ ἅμα
1685 γεγῶτ᾽ ἀδελφῆς ὁμογενοῦς ἀφ᾽ αἵματος.

καὶ χαίρεθ' Ἑλένης οὕνεκ' εὐγενεστάτης
γνώμης, ὃ πολλαῖς ἐν γυναιξὶν οὐκ ἔνι.

ΧΟΡΟΣ

πολλαὶ μορφαὶ τῶν δαιμονίων,
πολλὰ δ' ἀέλπτως κραίνουσι θεοί;
1690 καὶ τὰ δοκηθέντ' οὐκ ἐτελέσθη,
τῶν δ' ἀδοκήτων πόρον ηὗρε θεός.
τοιόνδ' ἀπέβη τόδε πρᾶγμα.

COMENTÁRIOS CRÍTICOS

As tensões que cindem o eu ontológico, ético e metateatral permeiam toda a peça. Elas dependem da estrutura de substituição (ou suplemento) que vem à tona inicialmente com o *eidôlon* [“aparição”, “fantasma”] e, depois, com a busca, por parte de Helena, do próprio resgate na esteira da estratégia do *eidôlon*. Temos, portanto, duas fases da peça que se espelham: a primeira, séria, quase trágica, levanta questões ontológicas inequívocas e exibe os dilemas da relação entre ser e aparência; a segunda recoloca tão somente essa relação problemática para garantir resgate e um objetivo ético. Um traço específico que perpassa ambas as fases é constituído pelas reflexões que a peça produz sobre sua arte trágica e cômica. Por reflexões refiro-me ao autoespelhamento que o texto exibe ao frisar o que ele está fazendo e a autoconsciência metateatral que evoca como um modo de meditação sobre sua própria arte dramática.

PIETRO PUCCI
The "Helen" and the Euripides's
"Comic" Art, *Colby Quarterly*, v. 33, n. 1, Mar. 1997, p. 70.

Se uma escolha deve ser feita, podemos encontrar argumentos legítimos para considerar *Helena* uma tragédia, embora uma tragédia de forma bastante especial. Ela retrata finalmente não a evasão para um mundo transformado, como as comédias aristofânicas geralmente fazem, ou mesmo a renovação de uma ordem social rompida, na esteira de Menandro e seus sucessores, mas levanta questões perturbadoras e irônicas sobre o lugar da violência e da carnificina na realidade em que homens têm de viver. A necessidade de reencenar a guerra de Troia, por mais catártica que possa ser, e os impulsos brutais de Teoclimeno para o miasma do derramamento de sangue familiar na penúltima cena estilhaçam a simplicidade de um final feliz. *Helena* é trágica por nos relembrar o horror de nossa imersão num mundo iludido de paixão, guerra, cidades arrasadas e objetivos vazios. Ela nos faz conscientes, em vários níveis, do custo de escolher aparência em lugar da realidade - uma escolha pela qual a personagem mais pura e idealística da peça quase chega a pagar com a própria vida.

CHARLES SEGAL
Interpreting Greek Tragedy,
Ithaca: Cornell University Press, 1986, p. 267.

Não podemos mais ignorar a dimensão política que está por trás da representação de *Helena*. A maioria da plateia teve parentes vitimados (mortos ou presos) na expedição siciliana. Demógrafos chegam mesmo a afirmar que provavelmente ¼ dos homens livres atenienses em idade militar perderam ali a vida. Foi o maior desastre individual da história imperial de Atenas; pior, ele não poderia ser imputado a motivações virtuosas. Não por nada, na *História da Guerra do Peloponeso* de Tucídides, o relato da expedição siciliana segue imediatamente a narrativa aterradora do tratamento cruel e desprezível de Melos por Atenas. A invasão ateniense da Sicília foi escancaradamente devotada a ganhar às custas de outros, a conquistar (como diríamos hoje em dia) a moeda estrangeira, em ouro sobretudo, que permitiria a eles dar continuidade à guerra contra Esparta, arregimentando número maior de aliados.

A expedição falhou, falhou catastroficamente. *Helena* seria então um "libelo antiguerra"?

COLIN LEACH
Euripides Helen,
New York: Oxford University Press, 1981, p. 11.

H*elena* é o exemplo mais esplêndido, porque é um drama que se permite o jogo mais radical com os recursos de teatro e os emprega para direcionar o questionamento mais elaborado sobre as complexidades de ser e parecer e os cruzamentos paradoxais de ilusão e realidade. A origem da confusão é o status ontológico do próprio feminismo. Há duas Helenas: a real, versão casta deixada no Egito sem nunca ter ido a Troia, e a esposa adúltera mais tradicional, que Menelau imagina ter recuperado em Troia, mas que é na realidade um fantasma, um *eidôlon*, representando o verdadeiro eu de Helena. Aludi antes às inferências simbólicas que poderíamos tirar de Penteu se vestir de mulher e ver em dobro pela primeira vez. Na *Helena*, onde a dupla visão domina a peça em todos os aspectos, a mulher é ao mesmo tempo uma personagem, que para sua tristeza irremediável descobre em primeira mão os problemas fundamentais da identidade do eu, e um referente objetivo através do qual o homem deve questionar todas as suas percepções anteriores do mundo. Além do mais, a estratégia essencial para garantir o sucesso da intriga que ela inventa para o seu resgate requer que ele também adote um disfarce e finja ser um outro diverso de si, permitindo que ela narre a ficção mais potencialmente perigosa de que o verdadeiro Menelau havia morrido.

FROMA ZEITLIN
Playing the Other,
Chicago: Chicago University Press, 1996, p. 365.

Na *Helena*, enquanto a intriga é convulsiva e os aspectos fantásticos do drama romanesco tornam duvidosa a lógica das ações e dos destinos dos homens, a presença de Teônoe, que encarna o Νοῦς ["Inteligência"], reestabelece as balizas. Com efeito, a personagem não tem nenhuma utilidade dramática, não desempenha nenhum papel no "romance sentimental" elaborado por Eurípides. Mas sua única intervenção transforma o gênero da peça. Pois Teônoe indica que, no universo em que ela evolui, as situações humanas têm um sentido claro. O sentimento de absurdo é assim abolido. Em todos os níveis, seja quando Teônoe explica os desígnios contraditórios dos deuses olímpicos, seja quando faz a mediação de um Νοῦς ainda superior, essa estranha profetisa parece em comunhão com uma Inteligência transcendente.

JACQUELINE ASSAEL
Euripide, philosophe et poète tragique,
Leuven: Peeters, 2001, p. 66.

Este livro foi impresso na cidade de São Paulo,
nas oficinas da Gráfica e Editora, em novembro de 2018,
para a Editora Perspectiva.